真田信治著作選集

シリーズ 日本語の動態
4

ことばの習得と意識

真田信治

ひつじ書房

まえがき

　本書は、「日本語の動態」に関するシリーズの第 4 巻である。この巻では、ことばと文化のかかわり、ことばの習得プロセス、個人語彙の基底層と年齢的推移、認知の諸相をめぐって、私の既発表の論攷を選んで一本に紡いでみた。

　フォークカルチャー、すなわち民衆文化の有り様はそれぞれの言語表現法に凝縮されている。たとえば、沖縄の宮古島方言では、蝙蝠のことを「カートゥズ」のように表現する。「カー」は〈川〉で、「トゥズ」は〈鳥〉に対応する形である。したがって、そこでは、蝙蝠が鳥の範疇で概念化されているわけである。また、たとえば、富山の五箇山方言では、かつて、蝸牛のことを「殻を持ったネバウジ」、蛞蝓のことを「殻を持たないネバウジ」のように表現した。蝸牛と蛞蝓を同じ範疇のものと捉えていたわけである。

　このような民衆文化における範疇化が、学校に上がって学習語を学ぶ段階では否定され、拒否されるのである。蝙蝠は〈鳥〉ではなく〈ねずみ〉や〈もぐら〉の一種である！　蛞蝓と蝸牛はまったく別の生き物である！　といったような次第で、民衆文化は糾弾されつづけてきた。

　私が、かつて、「学習」とは過去の vernacular（土着語）を清算することなのだ、と考えたのはそのような事実の積み重ねの上にあった。しかし、そうではなく、母語や母方言の探究によっ

てこそ、われわれの先祖の、ものの考え方や感じ方を知ること
ができるのだということを後に自覚するに至ったのである。

　ただし、私は、伝統的な考え方や感じ方のすべてを守ろうと
するような立場には与しない。たとえば、五箇山方言における
恋愛結婚を意味した「ナジミゾイ」という表現。優しい響きも
あって残すべき雅言であるとする人がいるが、しかし、これは
本来、村社会の集団的意向に逆らって勝手に個人同士の意思だ
けで結婚する行動を揶揄する表現であった。このような、差別
や排除にかかわるようなもの、偏見によって生まれた表現形式
などは、反省の材料としてその記録を必要とするとしても、保
護すべきものではなく、当然に消えるべき、あるいは消すべき
対象であると考える。

　なお、本書は、大学の講義等での教材としても使えることを
意図して、内容を全 15 章(全 15 稿)の構成で編集している。

目次

まえがき…………iii

図・表リスト…………viii

1. ことばによる支配…………1

2. 日本人の母語意識…………5

3. 使い分けの発達と方言の機能…………13

4. 「国語」VS「日本語」に対する
   学生の態度…………21

5. 方言とアイデンティティ…………27

6. 変換装置としての「フィルター」…………37

7. ある個人における理解語彙量の
   累増プロセス…………57

8. 現代人にとっての理解不可能な語彙…………83

9. Vernacularの記述をめぐって…………91

10. Diachronic change within an idiolect……………97

11. 一個人の所有する人称語彙……………109

12. 地域人の空間認知　方言と地名……………121

13. 地域人の精神構造……………135

14. 継承語（方言）の教材作成……………139

15. ことばの喪失の研究に寄せて……………147

出典一覧…………155
あとがき…………157
索引…………159

図・表リスト

図 1　何語を母語にしたいか(大阪大学)　…9
図 2　何語を母語にしたいか(大学別)　…10
図 3　「国語」と「日本語」─全体　…22
図 4　「国語」と「日本語」について　…23
図 5　「国語」を「日本語」に変えてもいいのか　…24
図 6　/ai/における［a］の出現率　…31
図 7　因子分析による方言意識と方言受容との相関　…32
図 8　「テレビ」のアクセント形の分布　…40
図 9　コリアンにおける変異形の使用率　…53
図 10　品詞ごとの習得比率　…69
図 11　意味分野ごとの習得比率(全体)　…71
図 12　意味分野ごとの習得比率〈抽象的関係〉　…74
図 13　意味分野ごとの習得比率〈人間活動の主体〉　…76
図 14　意味分野ごとの習得比率〈人間活動─精神および行為〉　…77
図 15　意味分野ごとの習得比率〈生産物および用具〉　…78
図 16　意味分野ごとの習得比率〈自然物および自然現象〉　…80
図 17　所有語彙量の推移　…89
Figure 18　The aspects of the word renewal in a person　…104
図 19　表現形式の分布層　…118
図 20　「大和浜」の呼称　…122
図 21　「古仁屋」の呼称　…124
図 22　「名瀬」の呼称　…125
図 23　「名瀬」圏と「古仁屋」圏　…127
図 24　微細地名の分布　…130

表1　生まれかわることができるとすれば、何語を母語に選びたいか
　　　…11
表2　方言文節数の総文節数に対する比率　…15
表3　外来語のアクセント形の対応(2拍名詞)　…38
表4　外来語のアクセント形の対応(3拍名詞)　…39
表5　各地のアクセント(3拍語の場合)　…42
表6　ミクロネシアでの聴取実験　…49

1. ことばによる支配

1 はじめに

　あるとき牧場で、子牛の鳴き声を耳にしたひとりの幼児が、「ウェーウェー」のような音声でその声をまねようとした。その時、そばにいた母親が、「そうじゃないでしょ。メーメーでしょ」と注意した。その瞬間以降、その子は子牛の鳴き声を「メーメー」という音でしか表現しなくなった。その子どもにとって子牛の鳴き声は「メーメー」としか聞こえなくなったわけである。このように、一つ一つのことばの習得も、一方では、人間のものの捉え方が、ある枠組みにおいて規定されていく、そのプロセスであるということを認識したいと思う。われわれは知らないうちに感じ方を規制されてきたわけである。

2 ことばという '色めがね'

　民衆文化としてのわれわれの母語の、その表現法は、われわれの先祖の、ものの考え方や感じ方を基盤に、その結果として

生まれ、発展してきたものであるにはちがいないのであるが、ここで注意したいことは、ひとたび表現法という社会的慣習ができあがってしまうと、これを習得する際には、逆にその表現法自体が、ものの考え方や感じ方をコントロールすることにもなるという点である。

　たとえば、欧米の子どもたちは太陽を黄色く描く。ところが、日本の子どもたちは太陽を必ずといっていいくらい赤く描く。英語では "The sun is yellow" と表現される一方、日本語では "太陽は赤い" "真っ赤な太陽" などと言われる。国によって太陽の色が異なるわけではないが、このような表現差が生じた背景には、日本と欧米の人々で焦点の当てどころの違いがあったからだと考える。日本の場合、天空に浮かぶ相よりは落日の相に特別の関心が寄せられてきた。その太陽は実際に〈赤い〉のであった。しかし、あとから学ぶ人たちにとっては、あくまでことばという‘色めがね’を通して、同じ対象物が異なった形で把握されてしまうのである。

　かつて、山間部の子どもたちと海岸部の子どもたちに、同じように海の絵を描かせてみたことがある。山中の子どもたちは、単純に〈青く〉描くのに対して、海辺の子どもたちの描く色合いは実にさまざまであった。「海は青い」という、ことばを通して海の色を捉えて育った子どもと、日々に微妙に変容する海の色をながめて育った子どもとの表現の違いは歴然としていた。

3　異文化との接触

　中国からの留学生に、「夢を見る」という日本語のおかしさ
を指摘されて狼狽したことがある。確かに夢は脳裏に浮かぶも
のではあっても、目で見えるものではないのだ。ちなみに、中
国語では夢は做す（＝作る）ものであるという（ただし、夢の中
で何かを見るということはありえる）。

　日本に来たばかりのブラジル人の女性から、「日本人の家庭
では私に選択する権利も与えないうちにまずお茶が出てきま
す。緑茶か紅茶か、などと私自身に選ばせてほしいのに。日本
人は相手を配慮すると聞いていたのですが、本当はあまり配慮
をしてくれないのですね」といったことばを聞いてショックを
受けたことがある。日本ではいちいち相手に確かめることは野
暮なのであって、相手の心を察しつつ行為に及ぶことこそが最
大の配慮だとする考え方が瓦解した瞬間であった。しかし、最
近になって、本当の配慮とは相手と直接に対峙することなので
はないかと思うようになった。口に出さなくても察してもらい
たいといった論理は国際舞台では通用しないのである。相手に
合わせる形で行動することが本当に相手への配慮なのか、本当
のやさしさなのか。これは、やさしさということについて、遅
まきながら考えるにいたった私自身へのつぶやきでもある。

　日本人と結婚したタイの留学生から、結婚式の後で、「式の
とき、日本人のまねをして涙を流すふりをしたけど、つらかっ
た」のように聞いたことがある。彼女に言わせると、嬉しい式
の場では泣かないのがタイのしきたりである、とのこと。やや
ショックを覚え、「でも、たとえば両親への花束贈呈のとき、

感極まるのがふつうなのでは」と応対しつつも頭をめぐったのは、ひょっとして、そのような場では泣くことが許容されているからこそ、日本人は安心して感極まるのではないかということであった。

　このようなことは、自分が生まれ育った文化だけに安住しているかぎりは、なかなか気づきにくいことである。われわれは、たまたま身につけたものを、もっとも自然で、人間に必然のものだと思いがちな傾向がある。そして、異なった認知の存在の可能性を考えることもなく過ごしている。異文化との接触は、その安穏をうち砕くきっかけにもなるのである。

　ちなみに、ポテト、すなわち「ジャガ芋」は日本では〈芋〉の範疇で捉えているが、フランス語などでは「大地のリンゴ」と表現するので、そこでは当初、ポテトを〈芋〉ではなく〈林檎〉の一種として捉えたことが分かる。また、中国語（北京語）では「土豆」と表現するので、その表現時点においてはポテトを〈豆〉の一種として捉えたと考えられる。

4　おわりに

　今は昔、娘が小学生になった頃、太陽が動いているのではなくて地球が動いているのだ、ということを学習した後で、「じゃあ、なぜ、日が昇る、とか、日が沈む、っていうの？」と問いかけてきたことが忘れられない。

（2011. 冬）

2. 日本人の母語意識

1 「第一言語」とは

第一言語(first language)とは、その人間にとっての最初に習得される言語のことである。母語(mother tongue)とも言うが、最近は第一言語という名称が正式な用語として使われるようになってきている。母語という概念は、アイデンティティという概念などと同様、他との比較において生起してきたものである。たとえばヨーロッパのように、国境、あるいは言語の境界線を越えるとまったく別の言語が行われているようなところでは、母語の意識が強く人々の頭のなかにある。母語という表現は、このようにある主権や文化と結びついているわけである。そういったある種のニュアンスを回避するために第一言語という中立的な言い方がなされるようになったのだと思われる。

なお、母語にかかわって、母国語という言い方があるが、母国語と母語との違いは、母国語がその個人の属する国家や民族の言語を指すという点にある。外国に居住している人の子どもは母国語を習得しない場合がしばしば存在する。たとえば、日

本で生まれ育った韓国籍の2世・3世は日本語だけしか話せなくても、その人たちはあくまで韓国語を母国語と意識する。ただし、実際は、日本語が第一言語である。

2 「母語」の意識

　日本人は、母語によるアイデンティティの重要さを観念的には理解している。しかし、それを現実の問題として自らの肌で感ずることはあまりなく、付和雷同型で、かつ自己文化中心主義者が多いように思われる。

　ここでそのあたりの実態の一端を見よう。

　大谷泰照は、1961年以来、関西のいくつかの大学で、新入生を対象に言語意識の調査を行ってきた（大谷1996）。少ない年で約400名、多い年は1,000名をこえるという。その調査項目の一つに「もしも生まれかわることができるとすれば、何語を母語に選びたいか」という設問がある。回答の結果、1961年当時もっとも多かったのが英語で69%、次が日本語の14%であった。「日本のような国に生まれなければよかった」「日本語などを母語にして大損だ」と考えているわけである。「生まれかわったら英語を母語にしたい」「アメリカ人になりたい、イギリス人になりたい」、これが1961年当時の学生たちであった。ところが、それから10年たって1971年になると、これがかなり変わってくる。英語を母語にしたいという学生が69%から54%に減少し、一方、日本語を母語にもちたいという学生が14%から30%に優に倍増している。そしてさらに10年後、1981年の調査では、ついに英語願望と日本語願望が横一

線に並んでしまった。ともに 42% の同率である。そして、1995 年現在、英語と答えたものは 36% にまで減少してしまった。日本語という答えは実に 45%、いまや日本語が英語を追い抜き、日・英語の順位は完全に逆転してしまった。学生たちの母語願望には一貫して英語志向の漸減、そして日本語志向の漸増傾向が明瞭にうかがえるのである。

なお、学生が英語を選ぶ理由としては、つねに「国際語だから」が圧倒的で、ついで「外国語の学習が不要だから」「他の外国語 (印欧語) の学習が容易だから」が続き、この三つではほぼ 90% を占めるという。一方、日本語を選ぶ理由は、ほとんどの場合、「好きだから」「美しいから」「独特だから」「難しいから」「すぐれているから」「表現力が豊かだから」、およびこれに類する理由で 80〜90% を占めるという。

大谷はまた、アメリカの学生についても、2 回にわたって同様の調査を行っている。第 1 回目は 1973 年から 74 年にかけて、第 2 回目は 1982 年で、それぞれ 732 名、462 名のアメリカ生まれのアメリカ人学生が被験者である。そしてその結果を次のようにまとめている。

　アメリカ人大学生たちは、もしも生まれかわることができるとすれば何語を母語にしたいと考えているであろうか。アメリカ人学生も、たしかに英語願望がもっとも多いことに変わりはない。しかしわれわれの大方の予想よりもはるかに少なく、1973〜74 年には 36%、1982 年には 33% にすぎない。しかも、そのなかにはイギリスの 'Queen's English' と答えたものさえ目についた。

次に多いのがフランス語のそれぞれ 28%、27%。アメリカ人のフランスに対する独特の感情を窺い知ることができよう。さらにアメリカ人学生の特徴は、日本人学生には考えられないほど大小とりまぜて多様な言語が出てくることである。英語やフランス語だけに集中しないのである。いま一つ、われわれにとって注目すべきことは、「何語でもよい（同じ）」という答えである。これが実に 1973〜74 年には 19%、1982 年には 23%。生まれたところのことばなら何語でも構わない、ことばに上下の差はないというこの答えは、さすが多民族国家アメリカの学生ならではと言えよう。アメリカではその当時、外国語教育の不振ぶりが大きな政治問題にすらなっていたが、それでもこういう学生が 5 人に 1 人もいるという事実は、アメリカにとって大きな強みということができる。日本にはこういう学生はわずか 1% にも満たないのである。

　こうみてくると、とくに日本人学生のことばに対する考え方は、政治や経済の動きにつれて、実に敏感に変化していることがよく分かる。アメリカであれ日本であれ、大国でありさえすればその国のことばが望ましいということであって、言語・文化の視点から考えるというよりも、むしろ極端に政治的・経済的大国志向であるということができる。まさに「寄らば大樹の蔭」であって、とかく大国のそばに身を寄せたい。したがって、アメリカ人学生と違って、逆にそれ以外の国、とくに小国はほとんど眼中に入ってこないという困った結果にならざるをえない。

3 「母語」の意識、その後[補1]

筆者は、大谷の後を受ける形で、1999年以降の推移を観察している。

1999年4月、大阪大学の新入生を対象に同様の調査を行ったが、その結果では、英語47%、日本語41%で、やや日本語志向の停滞傾向がうかがわれた。ただし、2008年4月の大阪大学新入生(147名)を対象とした調査の結果では、英語願望41%、日本語願望42%と、再び横一線に並んだ(図1)。このあたりがちょうどいいバランスなのではないかと思われる。ちなみに、学生が英語を選ぶ理由としては、「国際語だから」が圧倒的で、ほぼ80%が占められていた。一方、日本語を選ぶのは、「好きだから」「表現力が豊かだから」「美しいから」「日本人は日本語だ」といった理由で、その大部分が占められていた。

ところで、これは大阪大学の学生に限定した結果であり、こ

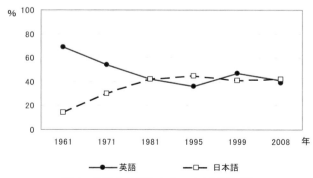

図1 何語を母語にしたいか(大阪大学)

こで特に指摘したいのは大学自体の特性のことである。2009年に、関西外国語大学の学生と奈良大学の学生を対象にした調査の結果は、図2の通りである。

　関西外国語大学では英語が圧倒的であるが、奈良大学では逆に日本語が英語の倍以上で、日本語が圧倒している。奈良大学の結果は、調査において文学部の学生が多数を占めていたことにもよるかと思われるが、ここに大学間の属性の違いが歴然として現れているのである。どの大学、どの学部、どの学生を調査対象にするかで回答に大きな差異が生じるという実態に留意すべきであろう。

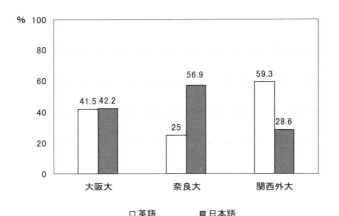

図2　何語を母語にしたいか（大学別）

　ちなみに、奈良大学の学生が選んだ「言語」と、その理由は表1のようであった。

表1　生まれかわることができるとすれば、何語を母語に選びたいか

(奈良大学)

選ぶ言語	理由	回答者数	累計	%
日本語	表現力が豊かだから	14	41	56.9%
	好きだから	9		
	美しいから	3		
	気持を伝えられるから	2		
	分かりやすいから	2		
	他の言語は考えられない	2		
	このままでいいから	1		
	面白いから	1		
	習得が困難だから	1		
	誇りを持っているから	1		
	方言に憧れるから	1		
	なし	2		
	その他	2		
英語	世界共通語だから	9	18	25.0%
	英語を学びたいから	2		
	気持をぼかさずに伝えられるから	1		
	英語がニガテだから	1		
	音楽に乗せると語感やリズムがいいから	1		
	なし	4		
中国語	漢字が好きだから	2	2	2.8%
韓国・朝鮮語	なし	2	2	2.8%

フランス語	発音がきれい	2		
フランス語かドイツ語	かっこいいから	1	5	6.9%
ドイツ語	興味深い、語感が好き	2		
アラビア語	珍しいから	1	1	1.4%
その他・無回答		3	3	4.2%

計　72

参考文献

大谷泰照(1996)「日本人の言語文化意識」(『言語文化研究』22、大阪大学言語文化部)

(2001.10)

補注

(1) 本章第3節の内容は、真田信治「『母語』及び『国語 vs. 日本語』に対する学生の意識」(「奈良大学学生相談室報告書」19、2012)における記述の一部である。

3. 使い分けの発達と方言の機能

1 はじめに

　関西地域での子どもたちの言語行動を観察していて気づくのは、幼いうちは方言があまり使われなくて、育てる人もティーチャートーク的標準語コードで子どもに接していることが多いという点である。

　岩根裕子さん[1]は、大阪府富田林市の新興住宅地に居住する一女児A（両親ともに大阪府の出身）を対象にして、この観点を具体的に検証した（『児童の方言習得とその運用』平成9年度大阪大学文学部提出卒業論文）。調査期間は、1995年4月（小学校1年時）から1997年3月までで、月平均3.4回の頻度で調査がなされ、1回につき1.2時間程度の会話データが収録され分析されたのである。

　その結果、小学校2年時の1996年6月頃までは、ゆっくりした話し方、間延び、文末で急上昇するイントネーション曲線（「ダーメ↑」「ドーゾ↑」）など、幼児期のことばの韻律的特徴がまだ残っており、妹に対して姉らしく話す時、あるいは

「ごっこ」の時のレジスターも標準語コードの範囲であり、方言使用は見られないことを指摘している。そして、この時期以降、急激な方言コードの増加プロセスがあることを明らかにしている。

2　方言コードの習得

　方言コードの習得は特徴的な要素「アカン」「〜ネン」に始まり、表出、働きかけ、叙述の機能の順に進んだ。しかし、標準語コードが方言コードにすっかり置き換わるという変化ではなく、方言コードの使用率が全体の約4割に達した段階で習得は一応ストップした。この割合は現在の大阪でのネオ方言の実体をまさに示すものである。

　コードの使用には傾向があり、話し手の主観を強く主張するようなときは方言が使われ、感情を抑え、より客観的に述べるときは標準語コードが使われる。そして、その使い分けは無意識のうちに行われる。しかし後に、丁寧なスタイルとして、あるいはフォーマルな場面において、標準語への意図的なコード切り換えが見られるようになる。

　具体的に見よう。

　小学校2年時の6月以降は方言コードの急増期に入る。方言文節数の総文節数に対する比率の推移は、表2のようである。なお、東京語の音調を持つ大阪方言の要素(語彙、語法)はなかったので、これはそのまま方言音調の文節を示す比率である。

　9月から11月にかけて大幅な上昇が見られ、この時期に方

3. 使い分けの発達と方言の機能　15

表2　方言文節数の総文節数に対する比率

月	7	8	9	10	11	12	1
方言文節数 総文節数	36 705	27 487	43 430	92 476	205 645	118 336	195 515
比率(%)	5.1	5.5	10.0	19.3	31.8	35.1	37.9

言コードの習得が一気に進んだことが分かる。

　方言が概ね文単位で出現するようになった9月におけるデータの一部を、次に掲げる。この段階で方言コードは、コミュニケーション上、どのような機能のものとして取り込まれたのであろうか。

凡例

「＝上昇　＇＝下降　『＝拍内上昇　↓＝低起上昇式　↗＝上昇イントネーション　↘＝下降イントネーション　→＝平調（長平）　↑＝アクセント的な上昇イントネーション　母音の無声化は下に。印　太字＝A児の方言コード発話部分

〈夕刻になり、帰る時間が近づいたが、遊びも宿題も中途半端という状況で、E：友達〉

　E：ユ「ウ゚ケドモ「ーゴ゚ジダヨ↑。

　A：**アー↘↓ホン「マ゚ヤー↘**。(a)

　E：ゴ「ジバ゚ンニコーエンイケ゚バイ゚イジャナイ。

　A：**デ゚モ゚　イ゚イカワガ゚ンナイ。イ「ッタ゚ラダ「メ。イ「ッタ゚ラダメダモン。**

　E：シュ「クダイスルダケ゚デオワッチャウ゚ワヨ↑。

ド　ースンノ　Ａ。ヤ「ラナ゚キャヨ゚カッタネ↑
　　　シュ「クダイナ゚ンテ。
Ａ：ガ「ッコーデヤッタポーガヨ゚カッタネ↑。
Ｅ：モー↘　Ａッタラ。ア「タシワヤロ゚ートオモ゚ッタノ
　　　ヨ↑。ジ「カンア゚ッタカラ。(数秒の間)
Ａ：エーッ↗↓ナンデ「コンナ『テ↓マッ「ク゚ロナノー
　　　↗？(b)
Ｅ：シ「ラナ゚イヨ↘。
Ａ：ア　ワ「カ゚ッタ。デ「ンチニサワッタ゚カラ。
Ｅ：ネー↘　シュ「クダイネー→　ヤ「メト゚イタホーガ
　　　イ゚イワ。ダ゚ッテスルジカン↓ナ「イ゚ジャナイ。
Ａ：デ　モ　シュクダイ　ヤ「ッテオイデ゚ッテ(お母さん
　　　に)イワレテル。「マ　イチオージュ゚ーバンマデ「ス
　　　ル゚ワ。(c)

　ここでは、方言コードは、感情表現としての驚き(下線部
a.b)や話し手の意志(下線部 c)など、話し手自身を焦点化した
「表出」機能において用いられている。下降イントネーション
(下線部 a)からは情報に接したときの意外性が、上昇イント
ネーション(下線部 b)からは驚きが読み取れる。一方、聞き手
を焦点化した「働きかけ」機能(二重下線部)、事態についての
話し手の判断・解説である「叙述」機能(波線部)などにおいて
は標準語コードが用いられている。

3. 使い分けの発達と方言の機能　17

3　コードの使い分け

　さて、1997年2月以降、ほぼ40%を上限として、方言コードの増加はほとんど見られなくなった。代って、ドメイン(領域)の認識にかかわって、ドメインごとの使用率の差が目立ってきた。場面や参与者によってコードを意図的に使い分ける側面が現れたのである。

　次に掲げるデータは、3月に行われたクラスのお別れ会でAが簡単な司会をした、フォーマル場面でのものである。

〈クラスのお別れ発表会で、T；先生〉

T：イマカラ　オタノシミハッピョーカイオシマス。

　　　　　　　（中略）

T：サンバン　オルガンチームノヒトデテキテクダサイ。

A：ハイ。コ「レカラ　オ「ルガンチ゜ームノ　オ「ルガン
　　エ゜ンソーオシ「マ゜ス。

A：イ「チバンハジメニ　バ゜マダサンガ　ネ゜コフン
　　ジャッタオシマ゜ス。

A：ツ「ギ゜ニ　ワ「タシガ　ト「ルコマ゜ーチオヒ「キ
　　マ゜ス。

A：ヨ「シダサンガ　ナ「ミノオト゜オヒ「キマ゜ス。

A：ツ「ギ゜ニ　キ゜シロサンガ　ネ゜コフンジャッタオ　ヒ
　　「キマ゜ス。

A：「コレデ↑　ザ゜ンパンノ　オ「ルガンエ゜ンソーオ
　　オ「ワリマ゜ス。

ここでは、方言音調が一か所に現れたのみで、その使用率は3.3%である。このような場では普段の談話とは大きく異なったことばの運用が要求される。それは、特定の親しい人に対してだけではなく、「誰にでも」通じる、不特定多数の相手を対象にしたことばでなくてはならない。その展開も、一対一の相互交渉というより、話し手側からの一方向的な伝達の形態をとる。そこでは方言は使われず、既得の標準語コードからフォーマルスピーチスタイルが分化、形成されていくのである。

4　おわりに

　一方、おもしろい経験談はほぼ完璧に方言コードで語られる。次のデータは、2月に収録されたものの一部であるが、経験談を話し聞かせる段になると、全体が大阪方言に切り替わっていることが分かる。

〈妹の友達との会話で〉

K：ファ゛スナーッテカ゛ンダラカ「タ゛イヨ↑。

A：オ「トナグ゛ライノチカラジャナ゛クチャトレ゛ナイネ。Aマ゛エカ゛ンダモンネ↑。

E：ダ「レデモ　ダ「メ゛ダッタノ。

E：デザ゛イナーノシゴト。

A：(TやKは)チイ「サ゛イカラ　マ゛ダ　ファッショントカイウゴ゛トマ゛ダシ「ラナ゛インジャナ゛イノ↑？

K：ファ「ッションテ「イウ゛ノワ↑　↓オ「シャ゛レ「シ゛テ↓デル゛ノワ　↓シッテル゛ケド　↓ホ「カ↓オ

シ´ゴトワ「アンマリシラン´ヤロ↑。

E：パ「リコレイ´ショー。

K：↓コ「コノファ´ションテ　ナ´ンテイウダイメイノト　コロ´ナノ↗?

E：パ´リコレ´クション。

K：ウアッ　Ａチャン　パ´ンツ「マルミエ。

E：デモオ「ンナ´ノコ「ダケ´ダカライイ´ヤン。

A：オ「トコ´ノコイタ´ラ　Ａオーゴ´エダ´スヨ↗。エ「ッチ。バ「シーン。(笑)

E：ナ´ニヤッテ´ンノヨー→　エ「ッチ　バシー´ン。

A：↓アノ「ナ「チーチャン　↓メッチャ…「カワイゾ´ーヤデ↑　↓ヒ「ラ´タクン「オ´ルヤンカ↑　↓チカク「ニ。

E：ウン。ウン。

A：↓ヒ「ラ´タクン　↓ヒ「ラ´タクン…オナ↑　ヨ「ク　ナ↑「ユーガタナ　↓オン「ナ´ノコヤ↑　↓オト「コ´ノコデナ↑　↓イッショ「ニアソブ´ンヤンカ↘　「ソン´ナン「カンケイナ´シ　↓ナー↗「ホンデナ　マ´エ↓チビッコ「コ´ーエン「イ´ッタト´キ　「アノリングブラ´ンコ↓ア「ル´ヤンカ↘。

E：ウン。

A：↓アソコ　「チーチャン´タチ↓ス「カ´ートヤッテ´ンナ´　↑オンナ´ノコ「ゼンイン　「ホンデナ

E：タッ「テ´タン↗?

A：↓オン「ナ´ノコワナ↗　↓コグ「バン´デナ↑　「ノッテ´タ「オトコ´ノコ↓ヒトリ「ズツ　↓ズーニ「ノル´

ネンヤンカー↘。
　T：ヨニンズ゛ッ↗？
　A：ン。

　大阪方言の持つイメージが、話の内容と相俟って場を盛り上
げる役割（機能）を果たしている。これはまさに方言の効果的使
用という意味において象徴的な事例と言えよう。

注

(1) 岩根裕子さんは、病魔に冒され 2001 年 1 月 7 日、不帰の客となっ
　　た。ここに引用するデータは、日本発達心理学会でのラウンド
　　テーブル D-R20「方言使用と言語の発達」(1999.3.29)において、彼
　　女の許諾のもとに彼女の研究として紹介したレジュメに基づくも
　　のであることをお断りしておきたい。

（2003.7）

4. 「国語」VS「日本語」に対する　学生の態度

1　「国語」を「日本語」に変えるべきか

　筆者は、2008年から2009年にかけて、講義を担当した各地の大学及び専門学校で、受講生に、次のような課題を提示して、コメントを記してもらったことがある。

　〈次の新聞記事の内容に関して、自分の立場からの意見を記しなさい。〉

　　大阪府のある小学校が4年前、教科名の「国語」を「日本語」に変えたことがある。外国籍の児童にとって「日本語」は「国語」ではないという判断からだった。しかし、2年後、「国語」に戻した。

　　直接のきっかけは、産経新聞が「国語がない」と大きく報じたことだった。同紙は「国語は日本人の児童・生徒が、自分たちの生まれ育った国の言語という意味だけではなく、感情の機微に応じた細やかな使い分けや、母国語に秘められた文化・伝統を学ぶ授業である。これが日本語という教科名で

は、『英語』『ドイツ語』『中国語』など外国語の授業と変わらず、いったい、どこの国の授業か分からなくなる」と主張した(補1)。

(朝日新聞：1999 年 12 月 10 日)

さて、受講生たちのコメントを、産経新聞の主張に賛同するか否か、すなわち、①「日本語」に変える必要はない、国語でいい、②「日本語」に変えてもいい、変えるべきだ、③どちらでもいい、どちらとも言えない、④分からない、無回答、という範疇に分類して、全体的な比率を示したのが図 3 である。

全体的には、〈国語でいい〉派が、〈日本語に変えるべきだ〉派をやや上回っている。

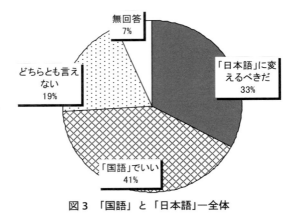

図 3 「国語」と「日本語」―全体

ただし、これらの意見に対しては、学校間の属性の違いがはっきりと現れている。図 4 を参照されたい(数字は回答者数)。

4.「国語」VS「日本語」に対する学生の態度　23

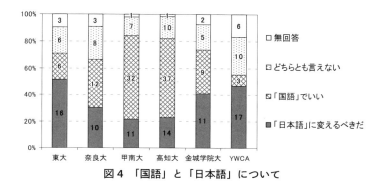

図4　「国語」と「日本語」について

　東京大学と大阪YWCA専門学校では〈日本語に変えるべき〉派が多い。特に大阪YWCA専門学校では産経新聞の主張に同意する者が皆無であった。東京大学でも産経新聞の主張に対する批判的意見が目立った。たとえば、「言語の持つ表現や文化・伝統を強調しているが、他言語に対する配慮の見えないナショナリスティックな反発だと思う」、「国家主義的な偏りがある。日本語が英語のように強い言語ではないという意識が働いているのではなかろうか」といったものである。

　一方、甲南大学と高知大学では〈国語でいい〉派が圧倒的であり、産経新聞の主張に賛同する意見が多かった。たとえば、「国語として秘められた日本の文化や伝統を学ぶべきである」、「国語は日本人としての誇りや自信、日本人として生きる日本への愛情などを再認識する材料だ」、「外国籍の児童への配慮のために我々日本人を蔑ろにするのはおかしい」といったものである。

　賛否が拮抗しているのは、金城学院大学と奈良大学である。

金城学院大学からは意見がほとんど寄せられなかったが、奈良大学からのコメントには中庸でリベラルなものが目立った。たとえば、「日本語に変えてしまうと寂しく感じるが、だからといって日本語と変わっても大きな問題が起こるとも思えない」、「多様性を認め、多角的な視野を身につける上で国語という名称はやはりその妨げになるかもしれない」、「感情の機微に応じた細やかな使い分けや文化・伝統は本来家庭や地域で学ぶもので、学校に多くを求めすぎだ」といったものである。

2　回帰への風向き

しかしながら、このような奈良大学の学生たちの意識にも変化の兆しが見えるのである。この2年後の2011年に筆者が同様の調査をした結果では、図5に示すように、〈国語でいい〉派が圧倒的になってきたからである。彼らの意見には、次のようなものがあった。

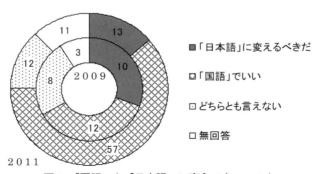

図5　「国語」を「日本語」に変えてもいいのか

「アイデンティティの観点から、日本語ではなく国語という授業が必要だと感じる」

「愛国心の問題だと思う」

「外国籍の児童がいたとしても、ここは日本であって日本国のことばを学ぶのは、やはり国語だと思う。でないと、日本の子どもたちにとって、日本語が母国語であるという意識がうすれるのではないか」

など。

ここにも時代の風が吹いてきていることを認めざるを得ないのである。

(2013.3)

補注

(1) ましこひでのり氏は、この点に関して、次のように述べている。

言語教育という観点からも比較的妥当な「日本語」という教科名に改称しようとした学校現場に対して、「国語」という呼称をまもれという言論攻撃が展開されたこともわすれてはなるまい (1997〜98年)。外国出身の住民がめだつようになった現在、「すくなくとも外国籍児童が多数在籍する学校現場では国語という呼称には問題がある」とする教員たちの認識は、言語学や社会学などからすれば、ごく当然のものだ。しかし、大阪でのこの一件に際して、文部科学省など関係当局は従来どおりの教科名を遵守させるといった行政指導ににげこむなど、せっかくの再検討・改正の機会を逸した。ここに単なる呼称問題にとどまらない政治的意味が再浮上したといえる(真田信治・庄司博史編『事典　日本の多言語社会』岩波書店、pp.289-290、2005)。

5. 方言とアイデンティティ[1]

1 アイデンティティとは

　「アイデンティティ」は本来、社会心理学において提唱された概念であるが、社会言語学では特に複数の方言など、言語変種の使い分け(コードの切り換え)の分析に応用されるものである。地域方言や社会方言の研究でよく用いられる「意識」や「志向」、「属性」などとは深い関係にあるが、いずれの用語とも完全には一致しない。「意識」は、(話者の)物事に対する考え方なので、その意味においては、アイデンティティは意識の一種と言えよう。「志向」は、社会言語学では、言語(や言語に関連する物事)に対する態度・評価の変数群として扱われることが多い(ロング 1990)。一方、「属性」は、実際に備わっている客観的な性質のことを表わす用語である。この、話者の属性と話者自身の抱いているアイデンティティとは異なる場合が少なくないようである。たとえば、東京で生まれ育った人の属性は「東京人」となるが、自分のことを特に「東京人」と思っていない人なら、アイデンティティと属性の間にズレが生じる

（渡辺 1981）。したがって、アイデンティティは、"自己の属性に対する意識"というふうに捉えることができる。

　ところで、ことばの運用に当たっては、単に相手に情報を伝達するだけの「情報機能」のほかに、「象徴的機能」が働いている。ここで「象徴的機能」と言うのは、同じ内容の話であっても、違う表現を使うことによって伝わる「裏」のメッセージのことである。たとえば、「ウチ、行ケヘンネン」と「オレ、行カネーンダ」との二つの発話では、「行かない」という情報以外にも、それぞれの話者が関西の女性と東日本の男性であるというメッセージが伝わってくる。もし、この二つの発話におけるそれぞれの話者が一つのしゃべり方しかできない人（単一変種使用者）であれば、どの場合でも上の一方の発話だけをするであろう。しかし、そのような人ははたして存在するであろうか。ほとんどの人が二つ以上の形式で発話することができるはずである。それは二つの言語であったり、二つの言語変種（方言）であったり、あるいは二つのスタイルであったりするが、いずれにしても、二つ以上の言語コードを使い分けることができる。この使い分け（調整）は様々な要因に規定されているが、その最も強いものの一つは、自分が話し相手にどのように見られ、どのような人と思われたいかという点であろう。つまり、コード切り換えを左右する要因としてアイデンティティが挙げられるわけである。

　なお、社会言語学では、prestige（威光）という概念がよく用いられる。一般に、女性は標準語（overt prestige のある形式）の使用を好む傾向があるのに対し、男性は非標準語（covert prestige のある形式）の使用を好む傾向があると言われる。これらの現

象にはアイデンティティとしての男女の社会的な役割が関与していよう。つまり、女性にしろ、男性にしろ、自らを最もよく表現すると思う形式を選んで使っているということである。

2　アイデンティティと方言使用
2.1　アメリカでの研究
　ここでは、話者のアイデンティティとその人が使用する特定の言語変異形の出現率との相関を具体的に追究した研究を紹介したい。それは、米国テキサス州の方言学者 G・アンダーウッドによる「方言とアイデンティティ」(*Accent and Identity*)という論文である(Underwood 1988)。アンダーウッドは、アイデンティティと属性(group membership)とは必ずしも一致するとは限らないという点を強調する。すなわち、多くの場合、個人は自分の属しているグループに対してアイデンティティを抱いているが、一方で、志向しているグループに入ることが不可能と判断し挫折している場合や、自分の属しているグループから離脱したくてもできないでいる場合があるというわけである。

　調査では、テキサス方言の代表的な変異形が出現する指標とされている二重母音/ai/ を 62 個含んだ文章を 134 人のインフォーマントに読んでもらい、その発音を収録し、/ai/の方言音声(単母音化した [a])の出現率を個人ごとに計ったのである。

　アンダーウッドは、アイデンティティを「個人が、ある集団の成員に対して感じる同一感」と定義し、話者が持っている他のテキサス人に対する仲間意識の側面をはかる三つの質問項目を設けた。

(1)テキサス人に対して、親しみを感じるか？

    a. よその地方の人に比べて、テキサス人に親しみを感じる（2 点）

    b. よその地方の人より親しく感じるわけではない（0 点）

    c. 分からない／言えない（1 点）

(2)あなたの会社で科学者を一人雇うとする。二人の応募者のうち、一人はテキサス出身で、テキサスの大学卒業、もう一人はよその土地の出身で、よその大学卒業。他の点が同点であれば、どちらを雇うか。

    a. テキサス人を雇う（2 点）

    b. よその地方の人を雇う（0 点）

    c. 場合による／分からない／言えない（1 点）

(3)あなたの選挙区から二人が立候補する。二人ともあなたの選挙区に来てから 5 年たつが、一人はテキサスの生まれ育ちで、もう一人はよその土地で生まれ育った人だ。どちらに投票するか。

    a. テキサス人に投票する（2 点）

    b. よその地方の人に投票する（0 点）

    c. 場合による／分からない／言えない（1 点）

そして、この 3 問の合計点を「アイデンティティ指数」(identification index)と呼び、話者ごとにこの指標を算出し、方言音声の出現率との相関関係を見たのである。

図 6 を参照されたい。話者を方言音声［a］の出現率によって四つのグループに分類し、それぞれのグループのアイデン

ティティ指数を示している。最も［a］の出現率の低いグループ(0〜25%)の 16 人のアイデンティティ指数を平均すると 3.38 であり、［a］の出現率 26〜50% の 31 人の平均は 4.00 である。［a］の出現率が 51〜75% のグループになると、アイデンティティ指数はさらに高くなる(5.05)。そして、方言音声［a］を最もよく使っているグループではアイデンティティ指数が最高の 5.60 である。そこで、テキサス人のアイデンティティの強さとテキサス方言の出現頻度との相関関係が証明された、とするわけである。

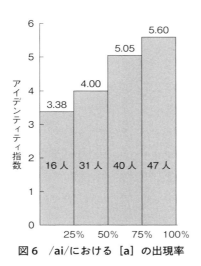

図 6　/ai/における［a］の出現率

2.2　日本での研究

　ロング(1990)は、移住者の言語使用を、言語意識との関連から、その変容のメカニズムを探ろうと試みた。それは、京都や

大阪で生活する移住者が京阪方言を習得する、いわゆる「方言受容」の過程を、話者の属性や言語意識の側面から追究したものである。その言語意識に関する項目のなかに、「自分の出身地のことばを(誇りに思っている／どちらとも言えない／誇りに思っていない)」と、「京都・大阪に来てから、出身地のことばを(よく使う／時々使う／ほとんど使わない／全然使わない)」というのがある。図7は、この項目を含む諸項目と京阪方言をどの程度使うようになったかを表す受容値との相関関係を多変量解析の一種である因子分析を用いて明らかにした結果である。

図7で注目すべきは、「誇り(10)」と「京都・大阪での出身地方言の使用(2)」との分布が非常に近い、という事実である。

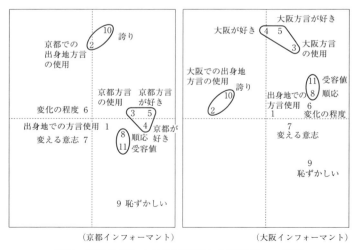

図7　因子分析による方言意識と方言受容との相関

つまり、自分の母方言に誇りを感じている話者は自分の母方言を維持する、という傾向が明瞭に現れているわけである。すなわち、ここでは、アイデンティティとの関係が深いと言ってもよさそうである。ただし、この点については、アイデンティティを持ってはいても「誇り」という強烈な表現を聞くと消極的な反応を示す人もいるのではなかろうか。結局、この研究では、話者が自らをどのように思っているか、または思われたいかというアイデンティティそれ自体を聞き出す調査項目を設定しなかったことが反省されるのである。

　一方、荻野(1987)は、移住先の方言受容とは逆の現象、すなわち「方言忘却」の実態を調査して、移住者の「大阪志向」・「標準語志向」が方言変容に影響を与えている、との結論を導き出したものであるが、そこでの「志向」の基礎とした質問項目のほとんどは言語などに対する態度を測るものであって、話者自身のアイデンティティを探るものではなかった。

　また、真田(1988)は、三重県桑名市と桑名郡長島町で、「あなたは関西人か？」といったアイデンティティを真正面から探る質問項目を含めた調査の結果を報告したものであるが、やはりアイデンティティと言語使用実態とのクロス分析を行ってはいない。

　残念ながら、日本の社会言語学では、アイデンティティと方言使用との関連を中心にすえて分析した研究は、現時点では見当たらないのである。

3 アイデンティティと方言維持

　さて、これまでの研究から、母方言に対する「誇り」と方言維持との関係が深いことは分かっているが、一般にアイデンティティと方言使用（維持）との関係はどのようになっているのであろうか。

　近年、日本各地において方言大会などを企画・開催するところが増加しつつある。こうした傾向は喜ばしいことではあるが、ヨーロッパなどの例に見られるように、言語（方言）に対する愛着だけではなく、「方言」自体をしゃべることが個々の話者にとっての自分のアイデンティティを表すために必要不可欠なことであるということを自覚しなければ、方言の維持はむずかしいであろう。

　たとえば、NHK 放送世論調査所が 1979 年に実施した全国県民意識調査の結果では、沖縄は、「沖縄県人だ」というアイデンティティ項目、「この土地のことばが好きだ」という方言への態度の項目、そして「地元の行事や祭りに積極的に参加したい」という地元文化の維持意識の項目で、常に全国一位であった。一方、「標準語が話せなかったり、地方のなまりが出るのは恥ずかしい」と思う人も全国で最も高かった[補1]。つまり、アイデンティティは非常に強いが、そのアイデンティティには地元の方言（なまり）を意識的に使うといった要素は必ずしも付随していないようなのである。

　方言の使用領域が制限されればされるほど、それに対する愛着は強まるが、一方で話者は実際には使い続ける必要を感じなくなる。したがって、衰退しつつある方言への好意的な態度

は、その方言を使用するという行動を必ず伴うとは限らないのである。このように、少数派の言語（方言）は、地元の人の「愛着」だけでは維持されにくいのである。愛着だけでは、「方言愛好者」が方言について互いに語り合うだけで終わってしまう。その方言を使わなくしてその地のアイデンティティを表すことは不可能だという、方言使用を条件としたアイデンティティ像ができていないといけないのである。

　今後、その地域の人のアイデンティティ像のなかに、方言を使用し維持することが必要不可欠なものとして認識されているか否か、ということがはっきりと見出されるような調査項目を設定することに特に注意を払わなければならないであろう。

参考文献

荻野綱男（1987）「大阪方言話者の移住による言語変容」『関西方言の動態に関する社会言語学的研究』科研費報告書（大阪大学）

真田信治（1988）「方言意識と方言使用の動態—中京圏における」『方言研究法の探索』秀英出版

ロング・ダニエル（1990）「大阪と京都で生活する他地方出身者の方言受容の違い」『国語学』162

渡辺友左（1981）「東京人意識・大阪人意識」『大都市の言語生活』三省堂

Underwood, G.（1988）"Accent and Identity." In *Methods in Dialectology, Multilingual Matters.*

注

（1）本章はダニエル・ロングとの共同執筆である。

（1992.9）

補注

(1) ただし、NHK 放送文化研究所世論調査部によるその後（1996）の調査では、「この土地のことばが好きだ」そして「土地のことばを残してゆきたい」の項目は、やはり沖縄がトップであったが、「地方なまりが出るのは恥ずかしい」と思う人は激減して全国平均とほぼ変わらない結果となっていた。沖縄の意識はこの段階ですでに明らかな変化を起こしていたことが分かる。

6. 変換装置としての「フィルター」

1　借用語のアクセント

　かつて、あるところで、たしかそれは言語地図における語の分布の説明会であったと思うのであるが、「この語は上方から江戸に飛び火した」というような表現を耳にして、では、その語のアクセントは上方語アクセントのままであったのか、あるいは借用と同時に江戸語アクセントに変換されたのか、とひねくれ気味に考えたことがあった。

　このような疑問は、大学院1年次の折、東北大学での加藤正信先生の講義に触発されて、私の一つの研究課題となった。それは1968年の秋のことである。すでに半世紀も前のことになるわけだ。当時のノートを繰ったところ、「方言体系の中へ新語が入り込むとき、その語の語形、音形は一体どのような形をとるのか、各方言の音韻規則、文法規則にしたがって変形するのか、あるいはその語の出発地における形のままに入っていくのか。」と記したメモを見つけた次第である。

　私がこのようなことを考えるにいたったきっかけの一つは、

新入語、特にいわゆる外来語のアクセントのことがあったように思う。私の母方言、富山のアクセントでは、たとえば、2拍と3拍の名詞であれば、いわゆる平板型は別として、アクセント核を持つものであれば、その語の語音が核の位置を絶対的に左右する（した）からである。

　大局的に言うと、2拍目の母音が狭い場合（i、u）には第1拍にアクセントが置かれ、広い場合（a、e、o）には第2拍にアクセントが置かれるということである。たとえば、表3のようである。

表3　外来語のアクセント形の対応（2拍名詞）

	東京	富山
パイ	●○	●○
ポリ	●○	●○
ガス	●○	●○
バス	●○	●○
ミス	●○	●○
ミサ	●○	○●
アマ	●○	○●
ラメ	●○	○●
デモ	●○	○●
プロ	●○	○●

（●は高く発音される拍を示し、○は低く発音される拍を示す。）

　3拍の新入語についてもこの点は同様である。たとえば、ラジオ、ゴリラ、リストなどの2拍目の母音が狭い語は、それぞれ●○○となるわけであるが、バナナ、カナダ、テレビ、タオルなどの2拍目の母音が広い語は、それぞれ○●○と中高の形になるのである（表4）。

表4　外来語のアクセント形の対応(3拍名詞)

	ラジオ	ゴリラ	リスト	バナナ	カナダ	テレビ	タオル
東京	●○○	●○○	●○○	●○○	●○○	●○○	●○○
富山	●○○	●○○	●○○	○●○	○●○	○●○	○●○

富山：語音が新語のアクセント核を動かす。ただし名詞に限る）

　このような新入語のアクセント形の問題を全国的な立場から考えるための一つの材料として、かつて、昭和期の新語である「テレビ」という語のアクセント形を調べ、その全国分布図を描いたことがある（「地域とのかかわり—交通と通信の外来語—」『英米外来語の世界』南雲堂、1981）。

　そして、そこではじめて、次のように、いわば変換装置としての「フィルター」というタームを用いた。

　　方言（アクセント）体系の中へ新語が入りこむとき、その語のアクセントはいったいどのような形をとるのであろう。各方言のフィルターを通って変形するのか。あるいはその語の出発地における音形のままに入っていくのか。

なお、そこでは、分布（図8）の解説として、

　　テレビについての、中央語としての東京語のアクセントは●○○であり、語頭の音節が高く発音されている。図によれば頭高形の地方は、関東、中部、中国、および九州の東部な

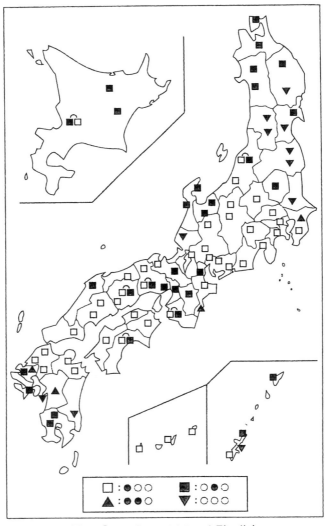

図8 「テレビ」のアクセント形の分布

どである。これらは、いわゆる東京式アクセントの行われている地域であることが注目される。なお、近畿の周辺部には●○○と○●○とでゆれている地点がある。東京での頭高形に発音される語は「便り」「かぶと」などの語であるが、たとえば「便り」は、大阪や鹿児島では○●○と中高に発音されている（表 5）。「テレビ」という語のアクセントは、この語群のアクセントとよく対応する…

云々と記したのであった。

　この記述に強い関心を示してくださったのが、徳川宗賢先生であった。先生からは、

　　東京語と関西語の間には外来語の中にも「テレビ」のほか、「アジア」「アプレ」「ゴリラ」「ロシア」「ポリス」などのような、東京で●○○、関西で○●○の語があるとすれば、東京語と関西語の間に、漢語について型の対応が見られても、漢語は東京式と関西式が分かれる以前からあった証拠にはならない、と言えるのではないか。

という内容のコメントをいただき、かつ、当時の国語学会の機関誌『国語学』の短信欄に応募するようにとのお勧めをいただいた。当時、徳川先生は『国語学』の編集委員長でいらっしゃったのである。しかし、私はそのように対応する語例が限られたものであることなどもあって随分と躊躇していた。先生は、とにかく学界にインパクトを与えるためにも是非、エッセイでいいから、匿名でいいから、とおっしゃる。その強い要請

表5　各地のアクセント（3拍語の場合）

東京

1	○●●	形、着物……
2	○●○	心、小麦……
3	●○○	便り、兜……

秋田

1	○○○	形、着物……
2	○○●	男、便り……
3	○●○	狸、朝日……
4	●○○	狐、兜………

仙台・水戸・福井・宮崎

1	○○○	便り、兜……

大阪

1	●●●	形、着物……
2	○○●	雀、狐………
3	○●○	便り、兜……
4	●●○	頭、刀……
5	●○○	命、姿……

鹿児島

1	○○●	狸、兜………
2	○●○	便り、形……

を受けて、ESSAY のもじりでもある「ES 生」の匿名で、先生
の意を汲んだ形の文章を 132 集の短信欄に投稿したのであった
（「外来語アクセントの対応について」1983）。それは、

新入外来語のアクセントのいくつかに、「テレビ」の場合のように、東京●○○：関西○●○の対応を示すものがあるが、この現象の解釈としては、さしあたり、A．すでにある対応に類推的に引かれる。B．基本アクセント形のなせるわざ、またはある音韻連続がそれぞれの方言で一定の形をとり、それが対応に見える。の 2 案がありえよう。外来語の普及後にアクセントが分裂したとは無論言えない。

という内容である。
　なお、この文中の「基本アクセント」とは、金田一春彦氏の用語「潜在アクセント」と同義である。すなわち、「その社会にまだ用いられていない語が、その用いられる以前にすでに持っているアクセント」というものである。
　さて、この投稿に対しては、わたしの不安の的中、というか案の定というか、金田一春彦氏からのご批判が早速に寄せられたのであった。金田一氏は、同じ『国語学』141 集の短信欄（「諸家のアクセントの研究を読んで」1985）において、

　　ES と名乗る匿名氏の「外来語のアクセントの対応について」という論文は戴けない。氏があげた単語はすべて特殊な例ばかりである。氏の行き方は特殊な例をもとにして一般を推論するやり方で、こういう論法を用いたらオウムや九官鳥を例にして鳥は人語をしゃべるということも言えるであろう。

と徹底的に批判なさった。そして、

新語で東京、高低低の語は関西でもほとんどすべてが高低低であって、これが原則である。低高低になっているものの大部分は省略語である。ES氏のあげるテレビは、輸入の当時はテレビジョンというのが普通で、テレビという形はあとから出来た略語だった。3拍語の略語は低高低になる、という一般原則によって、日本語の中で生まれた新語である。

と述べられたのであった。すなわち、テレビの○●○というアクセント形はそれが略語であるからだとおっしゃるわけである。
　ここで金田一氏の述べられる「関西方言における省略語のアクセントは低高低形になるという一般原則」という、その原則なるものこそ、まさに私のいう「フィルター」という変換装置である。
　さらに、金田一氏は、1942（昭和17）年に日本方言学会が編集した『日本語のアクセント』に載せられた、小川武雄「―和歌山方言より観た―近畿アクセントにおける下上（乙）型の性質」という論文の一節を引用しつつ、

　近畿語では、3拍語で、怖いもの、悪い意味を持つ語や国名の類は低高低に言うという性格がある。

と記されている。
　私が注目したいのは、このように、音声レベルだけではなく、語の性格や意味・ニュアンスなどがアクセントの形を決定する要因になることがある、ということである。ただし、金田

一氏がお述べになるような、テレビが○●○となるのは、テレビがテレビジョンの略語であるから、という論には抵抗がある。では、なぜラジオは○●○なのかと問いたいところである。

　いずれにしても、金田一氏のコメントは、「基本アクセントのなせるわざ」か、と私が予想した、いくつかの考え方の一つを明確にするものであった。そして、単語の音的性質や単語の文体的価値がアクセント形を左右するフィルターとして働くということを認識するきっかけともなったのである。

2　関西の若者語アクセント

　私の見るところ、関西におけるそのフィルターは、いわゆる略語形を作るという点それ自体も含めて、その語を自分たちのなじみのものにする、親しみを持ったものにする、というか、仲間うちの、いわば俗語、強調形としてのスラング的なものとして性格付けする装置であるように思うのである。そのことは、関西の若者語におけるアクセントの情況を観察するにつけ、再認識するにいたったのである。

　吉本絋子さんは、「関西における省略語新アクセントについて」という報告（「好っきゃねん若者ことばの会」発表レジュメ、2000 年 6 月 10 日）において、その情況を詳細に記している。対象は、いわゆる若者ことばの省略語のアクセントにおける特徴的な傾向についてである。

　たとえば、「フリーマーケット」の略称フリマ、「ファミリーマート」の略称ファミマ、「ロイヤルホスト」の略称ロイホ、

そして例の「マクドナルド」の有名な略称マクド、また、授業の「再履修」の略称サイリ、「フランス語」の略称フラゴ、さらには「使い走り」の略称パシリ、そして学校名でも「武庫川女子大学」の略称ムコジョ、「湊川女子高校」の略称ミナトなどを、若者たちは、それぞれ、フリマ、ファミマ、ロイホ、マクド、サイリ、フラゴ、パシリ、ムコジョ、ミナトと発音する。

　これは、4拍語の多くのものについても同様で、その場合も2拍目にアクセントが置かれる。たとえば、「卒業論文」の略称ソツロン、「ゼミコンパ」の略称ゼミコン、「仮進学」の略称カリシン、「一般教育科目」の略称パンキョー、「生活協同組合」の略称セーキョー、「生ビール中ジョッキ」の略称ナマチュー、そして、「六甲アイランド」の略称ロクアイ、学校名の「立命館大学」の略称リツメー、「大阪経済大学」の略称ダイケー、「神戸芸術工科大学」の略称ゲーコーなどは、最近では、それぞれ、ソツロン、ゼミコン、カリシン、パンキョー、セーキョー、ナマチュー、ロクアイ、リツメー、ダイケー、ゲーコーと発音されている。

　ところで、これら4拍の省略語は、いずれも語末が撥音か長音、あるいは連母音であるものに限られる、という特徴が指摘される。関西の芸人の愛称、たとえば、宮川花子のハナチャン、亀山房代のカメチャンが、ハナチャン、カメチャンなどとなるというのも同様である。おそらく、これらの語は3音節のものとして扱われるべきものなのであろう。このことは話者の内省からも一部確認している。

　注目したいのは、関西で生まれたスラングは別として、新入

語の場合、当初は東京語でのアクセントに対応する形で取り入れられるのであるが、しだいにフィルターによって濾過されるという、いわば時間をかけた処理過程が存在するということである。

　たとえば前述の「テレビ」という語のアクセントも、実は、平山輝男編『全国アクセント辞典』(東京堂出版、1965 年版)によると、京都アクセント形としては、テ￣レビと頭高形に記録されているのである。したがって、現地では後にテレビが自分たちにとって身近なもの、とする意識のもとで、テレ￣ビに変形させたのだと考えられる。関西の人から、テ￣レビと発音するとどこか改まりの気持ちがあるが、テレ￣ビと言うと、なにか寝そべってテレビを見ているような気持ちになる、といった内省を聞くことがあるが、そこには、いわば「なじみ度」にかかわる、アクセント形の形成過程がうかがえるように思われるのである。

　また、たとえば「土日」ということばであるが、もとは、これを「ドーニチ」と 2 語で言うのが本来であった。しかしその後の週休二日制の定着とともに「ドニチ」という単語が一般的になってきた。この「ドニチ」のアクセントは、最初ドニ￣チと低起無核型に発音されていたが、近年はド二￣チと低高低で発音する人が多くなってきた。

　なお、たとえば前述の「立命館大学」の略称の場合、改まるとリツメ￣であるとの内省があり、スラング的な形がリツ￣メーであるようだ。「卒論」の場合も、学生に言わせれば、ソツロ￣ンは「オヤジ風」であって、ソ￣ツロンが「若者っぽい」形とのことである。そのような、いわば「変種意識」が若者たちの間

に存在するのである。

3 「理解」の内実

　ここでは、私が変換装置としての「フィルター」というものを、一個人におけることばの理解とは何か、ということとかかわらせて考えるようになったきっかけの一つを紹介したいと思う。

　それは、日本の旧統治領南洋群島、現在のミクロネシア連邦における残存日本語をめぐっての調査に出かけた折のことであった。

　アクセントの調査においては、特定の文を提示して、それを読んでもらい、そのアクセントを記録するという方法をとることが多いのであるが、ミクロネシアの場合、日本語の文字を読めない人が大部分なのでこのような調査法はとれなかった。そこで考えついたのが、こちらで文ないし文節を発音して、それをリピートしてもらう方法であった。実はそのような調査の過程で興味深い現象に出くわしたのである。なお、フィールドは、チューク（トラック）州の中心地、モエン島（かつての春島）である。

　その具体的なデータを表6によって見ていただきたい。これは、あるインフォーマントにおける事例で、左がインプット形、右がアウトプット形である。

　インフォーマントは、「アセガ」「アメガ」「マドガ」などの頭高形の発音に対しても、「アセガ」「アメガ」「マドガ」と中高形でリピートしている。なお、このような傾向はこのイン

6. 変換装置としての「フィルター」　49

フォーマントに個別なものではなく、当地での老年層の何人か
に共通して認められるものであった。

表6　ミクロネシアでの聴取実験

インプット（聴取）形		アウトプット形（再生）形	
アセガ	デル（汗が出る）——→	アセガ	デル
ウタガ	ウマイ（歌がうまい）——→	ウタガ	ウマイ
アメガ	フル（雨が降る）——→	アメガ	フル
オトガ	スル（音がする）——→	オトガ	スル
マドガ	アル（窓がある）——→	マドガ	アル
カワガ	ナガレル（川が流れる）——→	カワガ	ナガレル
アキガ	クル（秋がくる）——→	？	アキガ
アキガ	クル（飽きがくる）——→	？？	

　このように、たとえば、「アセガ」という発音を耳にして、
それを「アセガ」とリピートするのはなぜであろうか。最初、
私はこれを「アセガ」という発音がインフォーマントの聴覚印
象として「アセガ」と、いわゆる遅さがりに聞こえるのかと
思ったのであるが、どうもそうではないようである。このイン
フォーマントは、「アセガ」という語をインプットされて、瞬
時に自分のなかにある語彙を検索して、その検索結果を表出さ
せているようなのである。その証拠に、自分の知らない語彙、
たとえば「アキガクル（秋がくる）」の場合、突然に答えられな
くなったのである。この地は年間を通じて気温32度前後、四
季がない。したがって季節を表す語彙はふつう用いられないの
である。「四季諸島というのがあるでしょう。秋島のアキです
よ。」という当方の質問に対して、「おう、アキガ」と思い出し
て答えてくれた。しかし、「アキガクル（飽きがくる）」にい

たってはまったく混乱してしまった。「えっ、えっ、えっ、ハチガツ？」といった調子である。「飽きる」という語はインフォーマントの語彙レパートリーのなかに存在しないのである。そのような語はレパートリーからの検索が不可能なので、結果として、聞いても聞こえないといった情況が生じるのだと思われる。

　このような老年層における理解と表現の過程は、若年層での調査と対照することによって、よりはっきりしてくる。日本語をほとんど知らない若者たちに同じリピート調査を試みた結果では、例外なく、たとえば「￣アセガ」「￣アメガ」といった発音に対しては、いわばオウム返しにそのまま「￣アセガ」「￣アメガ」と発音するからである。

　したがって、「￣アセガ」という発音がミクロネシアの人々の聴覚印象として「ア￣セガ」と聞こえるということでないことは明らかである。

　老年層インフォーマントにとっての日本語コードにおけるアクセントは、運用の過程で、現地語のアクセント規則によって変形して定着したものと思われる。現地語のアクセントは、私の見るところ、すべての文節において、後ろから数えて二番目の音節に置かれる、いわゆる一型アクセントである。したがって、その日本語コードもその規則にしたがっているのだと考えられる。上のリピート調査において、インプットされた「￣アセガ」の形が「ア￣セガ」の形で再生されるのはそのような理由によるのであろう。

　ところで、私が注目するのは、老年層における、いわば翻訳装置の働きということである。ある語を耳にし、それを瞬時に

自分の語彙レパートリーから引き出して表現する過程では、アクセントの聞こえは無視されるのである。アクセントはいわば聞いても聞こえないのである。

　しかし、考えてみれば、いわゆるオウム返しのような場合は別として、私たちの日常の言語行動における「理解」ということの、その内容は、実は同じようなプロセスにあるのではなかろうか。

　語のアクセント、あるいは語そのものに限らず、ある表現を耳にして、そのトピックの意味を、私たちは私たちのフィルターによって、いわば変形して理解する（している）というのが現実ではないかという点に思いいたったのである。

　いわゆる「頭が固い」「頑固だ」とか「分からず屋」というのは、その対象者のフィルターに柔軟性がないということであろう。しかし、「頑固」ないし「分からず屋」の段階はまだ、エネルギーがある段階と言えるかも知れない。新しいものをまったく受け入れないで、すべからく排除するようになる段階に、人間はその一生において、悲しいことながら、いずれ達せざるを得ないようである。

4　フィルターを支える社会的基盤

　さて、これらはどちらかというと一個人のレベルにおけるフィルターのありようであるが、次に、フィルターをささえる基盤としての社会的環境、フィルターの安定度と個人的属性ということをめぐって考察したいと思う。

　ここでは、コリアン（韓国・朝鮮人）の日本語における音声的

特徴を事例とする。特に在日コリアン一世たちの使用する日本語では、破擦音 ts が摩擦音 s で表される傾向がある。つまり「つ」が「す」となるわけである。これは、かれらの母語である韓国語の干渉である。韓国語では ts と s を音韻論的に区別しないからである。したがって、コリアンの日本語ではその混同、いわゆる過小弁別が生じるのである。この ts の欠如は s による、いわゆる音の代用として現れる。それは、たとえば、「ひとつ、ふたつ、みっつ」が、「ひとっす、ふたっす、みっす」になったり、地名の「つるはし」が「するはし」となったり、「つなみ」が「すなみ」となったりする現象である。

　金美善さんは、この音の代用と話者の社会的背景の相関を調査した（「在日コリアン一世の日本語」『日本学報』17、1998）。

　その報告の一部をここに紹介しよう。調査では、さまざまなコリアンたちの自然談話を収録、文字化して、その談話データに現れた「つ」を含むすべての形態素を抽出し、総延べ形態素の音声を、ts と s を単位として数え、その出現比率を出した。図9はその結果である。なお、アルファベットは、各人のイニシャルである。

　大阪市生野周辺（猪飼野）における典型的な在日一世の場合、ほとんどの形態素が「す」によって発音されており、それは、ほかの地（たとえば青森）での一世の情況とは対照的である（ただし、生野周辺においても、話者の個人的な属性が若干関与しているようである）。

　なお、韓国に居住する老年層の結果が、生野周辺の典型的在日一世とほぼ同様であるということも注目されよう。ここにも、母語の共有者集団によるコミュニティの形成といった面で

6. 変換装置としての「フィルター」　53

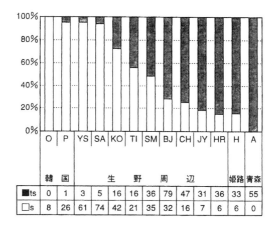

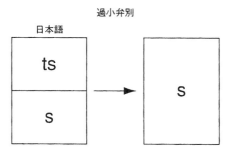

図9　コリアンにおける変異形の使用率

の生野周辺（猪飼野）の地域的特徴が垣間見える。

　ちなみに、韓国語に借用された「ツメキリ」「バケツ」「トンカツ」といった語が、韓国では、それぞれ「スメキリ」「パケス」「トンカス」のように「ス」の音で定着していることは周知のところである。

いずれにしても、生野周辺での情況は、音的フィルターに関して、その安定度に関して、それをささえる社会的な基盤ということを考える具体的なデータになるものである。

5　フィルターを支える文化的背景

　ここで、フィルターをささえる基盤としての文化的背景といったことについても少し見ておきたいと思う。

　西江雅之さんは、一つの話題全体の意味を、聞く側では、話者の言おうとしたこととはまったく別のこととして把握してしまう事例を、ナイジェリアのティブ族の人々が、例のシェークスピアの「ハムレット」の物語を「見本とすべき家庭道徳の話」として認識するという、アメリカの、ある人類学者の記述を紹介している（『ことばを追って』大修館書店、1989）。

　それは、ハムレットの物語における悲劇性に関してのことである。そのアメリカ人が、ティブ族の中でハムレットの物語を話してみたところ（人々は文盲で読書の習慣がない代わりに、夜は小屋に集まって交代で物語を聞かせる習慣がある）、物語は、まず、「父の王が殺されて亡霊となって出る、それから母（すなわち父である王の妻）が父の弟と一か月そこそこで反道徳的な結婚をする、そして、息子が父の死と母の再婚に不正を見いだしていく。」ということから、そのなりゆきが悲劇に展開していくわけであるが、ティブ族の人々は、物語の意味をそのようには受け取らないのである。たとえば、ティブのような部族では、兄が死ぬと弟がすぐ兄の妻と結婚するというのが常識であり社会道徳でもあるので、弟王と母の結婚は不道徳どころ

か、きわめて道徳的なものと映ってしまうのである(ちなみに、実は私のふるさとや飛騨の白川郷などでも、このような結婚の形態はかつて普通であった。いわゆる逆縁婚、レビレート婚である。さらに、文化的形態のものとしてではなく、臨時的なものとしてではあるが、こういったことは、戦時中、兵隊として徴発された人が戦死した折に地方ではよく見られたものである)。

また、ティブの社会は一夫多妻であり、女性の社会的役割も結婚観も私たちとは異なり、死や亡霊に対する考え方もヨーロッパなどとは非常に違っている。

そこで結局、ハムレットを聞き終えた人々は、その物語が悲劇ではなく、人々の見本とすべき家庭道徳の話であり、ハムレットやその恋人のオフェリアの行動は、いい年をしているくせに世の中を知らないで、軽はずみな行為をする馬鹿な若者の行動である、ということになってしまう、ということである。

しかし、このような情況は、多かれ少なかれ、形を変え、われわれの身近でもさまざまに経験することなのではなかろうか。

(2001.11)

7. ある個人における理解語彙量 の累増プロセス

1 はじめに

筆者は、1979 年以来、ことばの習得に関する事例研究として一個人の語彙量の発達状況を経年的に調べている。それは、日本人の日本語語彙の獲得のプロセス、特にその意味範疇とのかかわりを解明することを目的にしてのものである。

2 調査対象について

2.1 被調査者

被調査者は、筆者の娘(1972 年 8 月 11 日生まれ)である。理解語彙の解明をめざしてたてた調査スケジュールは、次のようであった。

① 1979 年　　6〜 7 歳　(小学 1 年)
② 1983 年　　10〜11 歳　(小学 5 年)
③ 1987 年　　14〜15 歳　(中学 3 年)
④ 1991 年　　18〜19 歳　(大学 1 年)

調査対象項目は、国立国語研究所(林大)編『分類語彙表』

(1964)の収載語彙である 36,263 語である[1]。これを台帳として、①〜④の各段階のそれぞれにおいて被調査者が知っているかいないかをチェックする方法を考えた。『分類語彙表』の収載語を台帳としたのは、斯界で言われているように、これが一般成人の理解語彙を量的にも質的にもほぼおおうものであろうと認めるからである。また、意味分類体の項目排列がなされているので、語彙習得のプロセスにおける意味範疇ごとの状況が容易に把握できる利点を考えたからである。

なお、被調査者の居住歴は、

    0〜 1 歳　仙台市
    1〜 2 歳　名古屋市
    2〜 3 歳　川口市
    3〜 9 歳　東京都(東久留米市)
    9〜18 歳　奈良市
    18〜20 歳　東京都(板橋区)

であり、①の段階での調査は東京在住時に、②③の段階での調査は奈良在住時に、そして④の段階での調査は東京在住時にそれぞれ行った。

①の段階での調査は、次のようであった。

調査開始は 1979 年 4 月 26 日(6 歳 8 ヶ月)である。まず、収載語に対して頭から順に知っているかいないかをさまざまな形で質問してチェックしていったのであるが、3,000 語あたりのところで飽きてきたので、その段階で改めて検討の上、明らかに知らないと思われた語をカットし、あらかじめ知っているだろうと思われる語だけを選び、知っているかいないかを聞く方式に変更した。

その折の反応に、たとえば、次のようなものがあった。

　a.「聞いたことあるけど何それ？」

　b.「そんなもの知らない馬鹿いるか！」

aのごとき回答は「無理解」と判定し、bのごとき回答は「理解」と判定したのである。毎日少しずつ調べることをめざしたが、無理な日もあって、結局、全体を完了したのは、8月22日（7歳0ヶ月）であった。

　②の段階での調査は、次のようであった。

　調査開始は1983年4月25日（10歳8ヶ月）である。まず、①の段階ですでに「理解」となっている語を除く収載語について頭から順に読み上げて、意味が分かるか分からないかをチェックしていった。途中、興味をいだいて、自分で読んで意味が分かるものに印を付けてくれるようになり、調査のペースは早まった。しかし、そのうち漢字が読めなくて「無理解」としたものもあることが分かったので改めて各語について確認することにした。全体を完了したのは、8月21日（11歳0ヶ月）である。

　③の段階での調査は、次のようであった。

　調査開始は1987年1月4日（14歳4ヶ月）である。①②の段階ですでに「理解」となっている語を除く収載語について、本人に、読んで意味の分かるものに印を付けるよう指示した。時間の余裕のあるときどきに思い出したように自分でチェックしていってくれた。高校受験をひかえての時期であったが、どうにか全体を通すことができた。なお、質問は字の読みに関するもの以外ほとんどなかった。完了日は、11月3日（15歳2ヶ月）である。

④の段階での調査は、次のようであった。

調査開始は 1991 年 6 月 15 日（18 歳 10 ヶ月）である。大学に入学して、実家を離れて生活している本人に、『分類語彙表』をあずけて、①②③の段階ですでに「理解」となっている語を除く収載語について、意味が説明できるものに印を付けてくれるよう依頼した。質問はまったくなかった。完了日は、12 月 31 日（19 歳 4 ヶ月）である。（**台帳サンプル**を参照のこと。）

2.2 『分類語彙表』[補 1]

ここで、調査項目とした『分類語彙表』の収載語彙について見ておくことにしよう。

『分類語彙表』は、日本語の単語をその意味によって分類したリストである。収載語は前掲の通り、36,263 語である（ただし、これは重出の語も含む数で実際の異なり語数はこれよりも少ない）。これはもちろん日本語のすべてではない。しかし、その内容は、国立国語研究所編『現代雑誌九十種の用字用語』第一分冊（1962）の語彙表に掲げる高使用率の語のうち、人名、会社名、球団名などの個別の名、および記号の類を除く約 7,000 語を中心として、それに続く使用率を持つ約 5,000 語を補い、さらに阪本一郎『教育基本語彙』（1958）で選ばれた 22,500 語のうち、上と重複しないものを加え、また、それらの語を各項目に配置したものを見渡した上で主観的に増補されたものを含んだものである。日本での日常生活に用いられる語は地域的な vernacular を除いてほぼ網羅されていると考えてもよいであろう。

分類の仕方は、まず、大分類として、

1. 体　（名詞類）
2. 用　（動詞類）
3. 相　（形容詞類）
4. その他　（接続詞類・感動詞類）

といった品詞論的な分類があり、細分類として、

.1　抽象的関係(人間や自然のあり方の枠組み)
.2　（人間）人間活動の主体
.3　人間活動—精神および行為
.4　生産物および用具
.5　（自然）自然物および自然現象

といった意味上の5分類がある。さらにこの5分類はそれぞれ次のような下位範疇によって細分類されている。

.1—0「こそあど」類　—1「類・例」類　—2「有無」類　—3「様相」類　—4「力」類　—5「作用」類　—6「時・位置」類　—7「空間」類　—8「形」類　—9「量」類

.2—0「われ・なれ」類　—1「家族」類　—2「相手」類　—3「人種」類　—4「成員」類　—5「公私」類　—6「社会」類　—7「機関」類　—8「団体」類

.3—0「心」類　—1「言動」類　—2「創作・著述」類　—3「文化・風俗」類　—4「義務」類　—5「交わり」類　—6「支配・政治」類　—7「取得」類　—8「仕事」類

.4—0「物品」類　—1「資材」類　—2「衣」類　—3「食」類　—4「住」類　—5「道具」類　—6「燈火」類　—7「土地利用」類

1.5 自然物および自然現象

1.500〜1 刺激・光

0 *刺激
1 *光(ひかり) 光(こう) 光明 光輝 光彩
　輝き ひらめき きらめき 閃光 *螢光
　燐光 微光
映え 夕映え うつり *反映
発光 明滅 点滅 一閃
*光線 可視光線 逆光線 紫外線 赤外線
　エックス線 *レントゲン 光熱(.385ゎ)
直射 *反射 投影 投射 照り返し
*日光 陽光 日射し 日かげ 薄日 月光
　月かげ 星かげ 天日(てんび) 火影 *照
　明(.385ゎ)
稲光 稲妻 電光 極光 オーロラ
御来光 コロナ 後光 眼光
暗影 陰影 陰法師 *影 *人影 松影
　*面影 片影 まぼろし 幻影 *シルエット
映像 蜃気楼 不知火
明暗 陰陽
曙光 薄明かり 月明かり 月明 星明かり
　窓明かり 雪明かり 明るみ *やみ く
　らやみ まっくらやみ くらがり 薄暗が
　り 夕やみ 宵やみ 夜陰 常闇
*陰 陰日向 日陰 物陰 山陰 草陰 緑陰
光沢 つや 黒光り
濃淡 ぼかし

1.502 色

*色(いろ・しょく) *色彩 色相 色調 *色合
　い 色目 色気 色取り, 彩り 色艶
　*カラー 共色
スペクトル 七色(なないろ) 五色(ごしき) 原
　色 三原色 間色 単色 寒色 暖色
*白黒(しろくろ) 黒白(こくびゃく) 紅白 紺
　地(.180ゎ)
*黒(くろ) 黒色 *墨(.453) *白(しろ) 白色

純白 乳白色
*赤 *赤色 緋 くれない 真紅 唐紅 紅
　色(べにいろ) 薄紅 *桃色 桜色 薔薇色
*ピンク とき色 朱 臙脂
*茶色 白茶 *焦茶色 セピア 褐色 茶褐
　色 鳶色 代赭
*青 *水色 空色 藍 コバルト *紺 紺
　青 *ブルー
*緑 *緑色 浅緑 薄緑 深緑 黄緑 新緑
　草色 *グリーン エメラルド
*黄色 *黄(き) 樺色 えび茶 *ベージュ
　飴色 オレンジ色
*紫 *紫色 *薄紫
鼠色 *灰色 土色 肌色 *グレイ
*金色(きんいろ・こんじき) *銀色
*同色 天然色 保護色 迷彩 玉虫色
*顔色(かおいろ)(.303ゎ) 顔色(がんしょく) *美貌
　(.571) 血色 毛色 旗色
異彩 生彩 精彩
褪色 *着色・*染色・*脱色(.384ゎ) 彩色 *配
　色(.385ゎ)
汚染

1.503 音

*音(ね・おと・おん) 音響 楽音 噪音 和音
*響き とどろき 轟音 鳴り 高鳴り う
　なり
*反響 山びこ こだま 共鳴
地響き 山鳴り 海鳴り 雷鳴 鶏鳴
微音 ささやき さざめき そよぎ きしり
　きしみ
騒音 ざわめき 雑音
*物音 *足音 靴音 羽音 水音 波音 銃声
　砲声 爆音
静けさ しじま
音色 声色 声音(こわね) 美声 初音
音律 韻律 旋律 *メロディー *ふし

台帳サンプル① 6歳時

7. ある個人における理解語彙量の累増プロセス

1.5 自然物および自然現象

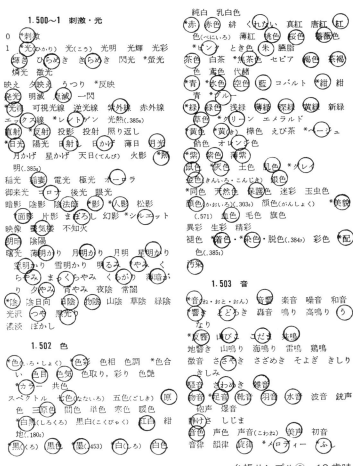

台帳サンプル② 10歳時

1.5 自然物および自然現象

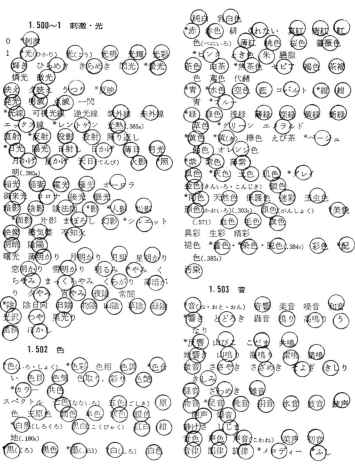

台帳サンプル③　14歳時

1.5 自然物および自然現象

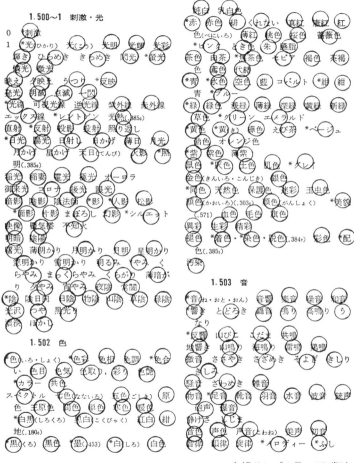

台帳サンプル④　18歳時

．5—0「刺激」類 —1「自然・物体」類 —2「宇宙」類
　—5「生物」類 —6「動物」類 —7「身体」類
　—8「生命」類

3 語彙量の推移

　調査での対象台帳における全語数は 36,263 語である。

　6 歳時点での理解語数は 4,464 語であったが、これは母集団
のうちの 12.3% に当たる。また、10 歳時点での理解語数は
11,029 語で、これは同じく母集団のうちの 30.4% に当たる[2]。
そして、14 歳時点での理解語数は 27,308 語であったが、これ
は母集団のうちの 75.3% に当たる。さらに、18 歳時点での理解
語数は 35,813 語で、これは母集団のうちの 98.8% に当たるわけ
である（第 8 章の図 17 を参照）。

　さて、ここで得られた理解語数を他のデータと比較してみよ
う。

　まず、6 歳時点での 4,464 語という数は、長田新ほか『新入
学児童の語彙の調査』(1924)における千葉の鳴浜小学校の 1 年
生を対象にした調査での 5,021 語や阪本一郎『読みと作文の心
理』(1955)において推測された 5,661 語よりもやや少ないこと
が指摘される。

　しかし、これは対象とした台帳および調査方法の違いによる
結果ではないかと思われる。鳴浜小学校でのものは、あらかじ
め被調査者が理解しているだろうと予測される単語（『大日本国
語辞典』と『辞林』から選んだ語、標準語は方言に翻訳）
11,908 語を用意し、個々の語について、知っているかいないか

を質問するという方式によっている。一方、阪本のものは、やはり辞書（『広辞林』）の見出し語を対象にサンプリングした 500 語のみについての調査によった統計である。

『分類語彙表』は、あくまで書きことばの世界のものであり、比較的抽象度の高い語が精選して採られているという特徴がある。話しことばという面ではやや問題もあるようである。

次に、14 歳時点での 27,308 語について述べる。この段階に近いところを対象とした調査としては、森岡健二「義務教育終了者に対する語彙調査の試み」（『国立国語研究所年報』2、1951）がある。これは、竹原常太『スタンダード和英辞典』の見出し語である 37,970 語を用意して、読めば（あるいは聞けば）意味が分かると思うものに印をつけさせたものである。調査の対象になったのは、東京のある高等学校の 1 年生 15 名で、もっとも多く知っているもの 36,330 語、もっとも少ないもの 23,381 語、平均 30,664 語という結果である。今回の結果はこの平均の語数とくらべるとやはりやや少なめと言えるようである。

ところで、理解語彙の総量という点では、今回の調査台帳で対象外となっている、人名、商品名などの生活に即した固有名詞を除くわけにはいかないはずである。これら固有名詞習得の様相についてはさらに新たな検討が必要であろう。

ここでの調査は、理解語彙総量の把握ということよりも、あくまでその習得プロセスを品詞論的範疇や意味的範疇ごとに見て、範疇間に習得上の遅速などがあるかないかを明らかにすることを意図したものである。

4 品詞論的範疇ごとの比率

　そこでまず、データを品詞論的範疇で分類して、それぞれの習得比率を見ていくことにする。

　図10は、『分類語彙表』での分類範疇にしたがって、全データを、

    1.　名詞類……………………26,527 語

    2.　動詞類……………… 4,777 語

    3.　形容詞類…………… 4,598 語

    4.　接続詞類・感動詞類…361 語

に分けて、各類の比率の推移を描いたものである。

　6 歳時においては、それぞれ、

    1.　… 2,998 語（11.3%）

    2.　……725 語（15.2%）

    3.　……585 語（12.7%）

    4.　……156 語（43.2%）

となっており、名詞類、形容詞類、動詞類がほぼ似かよった習得比率を示す一方、接続詞類、感動詞類が突出していることが分かる。接続詞・感動詞の類に含まれるものは、概念と概念との間の、また叙述と叙述との間の関係づけ、感動、呼びかけ応答、判断・期待・仮定などの叙述態度（または表現意図）についての予告、そして待遇などを表すものである。もちろん、他の類にくらべてこの類の全体量が少ないことも影響していようが、語彙の習得プロセスにおいて、まず、この類が先行するという様相はここにはっきりと認めることができる。

　10 歳時においては、それぞれ、

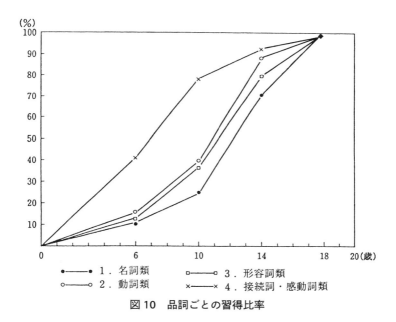

図10 品詞ごとの習得比率

1. ･･･ 6,993 語（26.4%）
2. ･･･ 1,983 語（41.5%）
3. ･･･ 1,762 語（38.8%）
4. ･･････ 291 語（80.6%）

の習得比率で、接続詞・感動詞の類が突出していることは相変わらずである。注目されるのは、名詞類の比率が動詞類、形容詞類とくらべて相対的に低下してきていることである。動詞類と形容詞類の比率は近似している。したがって、この段階での範疇間の習得上における先行順は、次のように示すことができよう。

接続詞・感動詞類＞動詞類、形容詞類＞名詞類

14 歳時においては、それぞれ、
    1. …19,040 語（71.8%）
    2. … 4,225 語（88.4%）
    3. … 3,717 語（80.8%）
    4. ……326 語（90.3%）

となっており、接続詞・感動詞の類をおいかけるように、習得
比率がどの類でも大幅に伸びていることが分かる。動詞類と形
容詞類はともに 80% 台であるが、ここにきて両類の開きがや
や大きくなってきたことに注目したい。動詞類とくらべて形容
詞類の比率が相対的に低下してきているのである。なお、名詞
類はもっとも低く、70% 台である。

18 歳時においては、それぞれ、
    1. …26,161 語（98.6%）
    2. … 4,744 語（99.3%）
    3. … 4,548 語（98.9%）
    4. ……360 語（99.7%）

の習得比率である。ここにいたって各類はほぼ一点に収斂する
ことになる。

5　意味的範疇ごとの比率
5.1　全体
　次に、データを意味的範疇で分類して、それぞれの習得比率
を検討してみよう。
　図 11 は、『分類語彙表』における分類範疇によって、全デー

タを、

　.1 抽象的関係……………………11,055 語
　.2 人間活動の主体……………… 3,209 語
　.3 人間活動―精神および行為…13,998 語
　.4 生産物および用具…………… 3,245 語
　.5 自然物および自然現象……… 4,756 語

に分け、各類の習得比率を描いたものである。なお、ここでは品詞の違いは無視している。

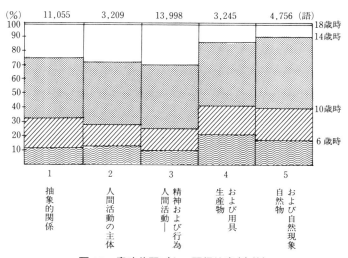

図 11　意味分野ごとの習得比率(全体)

.1 は人間や自然のあり方の枠組みに関するものを総合したものである。.2 以下は人間活動に関するものである。.2 は活動の主体であるもの、.3 は人間活動そのものの様相である。

.4 は人間が直接に活動の結果として作り出した物および作り出すために利用するものである。そして、.5 は人間の主体的活動からは比較的自由に、外界として存在するものであり、いずれも人間活動の相手として存在するものである。

6 歳時においては、それぞれ、

    .1 … 1,375 語（12.4%）

    .2 …… 405 語（12.6%）

    .3 … 1,254 語（ 9.0%）

    .4 …… 679 語（20.9%）

    .5 …… 751 語（15.8%）

の習得比率となっている。各類とも似通っており、範疇間で極端な差異は認められないが、「生産物および用具」が比較的高率で先行する一方で「人間活動―精神および行為」が比較的低率であることを指摘することができる。

10 歳時においては、それぞれ、

    .1 … 3,662 語（33.1%）

    .2 …… 840 語（26.2%）

    .3 … 3,252 語（23.2%）

    .4 … 1,357 語（41.8%）

    .5 … 1,918 語（40.3%）

であり、やはり「生産物および用具」にかかわる語の習得比率が高く、「人間活動―精神および行為」にかかわる語の比率がもっとも低いという傾向は同様である。ただし、6 歳時から 10 歳時にかけての増加率でみると、「自然物および自然現象」がもっとも高く「人間活動の主体」が比較的遅延していることが指摘される。

14 歳時においては、それぞれ、

　　.1 … 8,325 語（75.3%）

　　.2 … 2,306 語（71.9%）

　　.3 … 9,840 語（70.3%）

　　.4 … 2,746 語（84.6%）

　　.5 … 4,091 語（86.0%）

で、「自然物および自然現象」が「生産物および用具」を追い越してもっとも高くなっている。10 歳時から 14 歳時にかけての増加率でみると、「人間活動―精神および行為」が比較的高く、「抽象的関係」が比較的低いことが分かる。

　18 歳時においては、それぞれ、

　　.1 …10,891 語（98.5%）

　　.2 … 3,171 語（98.8%）

　　.3 …13,808 語（98.6%）

　　.4 … 3,223 語（99.3%）

　　.5 … 4,720 語（99.2%）

の比率となっている。各類がともに完全習得に近付いているわけである。

　しかしながら、いずれにしてもここで設定した意味範疇はやや漠然としていて、相互を細かく対照するには不適のようである。そこで、以下、上の 5 つの範疇のそれぞれについて、細分類した下位範疇ごとの習得比率を検討することにしたい。

5.2　下位範疇

.1　抽象的関係

最初に「抽象的関係」の下位範疇について見ることにする

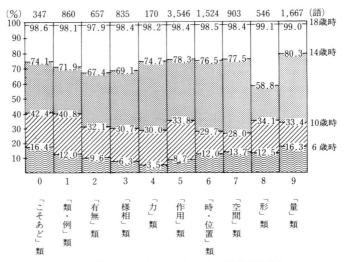

図 12　意味分野ごとの習得比率〈抽象的関係〉

(図 12)。

「抽象的関係」は上述のように 10 項目に細分類される。

6 歳時において、習得比率の高い項目は「こそあど」類(いわゆる指示語や形式名詞など)や「量」類(数量・長短・軽重・程度など)であって、いずれも、より一般的な意味を表す語で占められる項目であることが指摘される。一方、習得比率の低い項目は「力」類(動力・労力・能力など)や「様相」類(情勢・体裁・組織・調和など)といった、物理的、社会的な内容を含む項目であることが注目されよう。

10 歳時において、習得比率が 40% を超えた項目は上述の「こそあど」類と「類・例」類(関係・展開・異同・相対・選択

など)の 2 項目である。後者については先の品詞論的範疇毎の検討の際、特に接続詞の習得比率が高い点に触れたが、そのこととも関連するものである。なお、習得比率が 20% 台にとどまっている項目は「空間」類(場所・範囲・方向・左右・前後・内外など)と「時・位置」類(期間・時代・年月・順序など)であるが、これらは 6 歳時においてはそれなりの比率があったものである。

14 歳時において、習得比率が 70% に達しない項目は、「形」類(型・姿・模様など)、「有無」類(出現・確率・存在など)、「様相」類である。なかでも「形」類の増加率は低く、いまだ 58.8% にとどまっている。「形」類は習得の早い語と遅い語とが混在している項目と言えようか。

18 歳時においてはすべての類が完全習得に近づいている。もっとも習得比率の低い「有無」類にしても 97.9% の達成率である。

. 2 人間活動の主体

次に、「人間活動の主体」下位範疇について見よう(図 13)。

この「人間活動の主体」は 9 項目に細分類される。

6 歳時において、習得比率の高い項目は「家族」類(夫婦・兄弟・親戚など)と「われ・なれ」類(自他・人間・神仏・男女・老少など)である。ただし、これらは 10 歳時にかけての増加率は高いとは言えず、習得の早い語が一部の語に限られるもののようである。一方、習得比率のもっとも低い項目は「成員」類(職業・相対的地位・臨時的地位など)であるが、逆にこの項目は 10 歳時にかけてはかなり盛り返していることが指摘

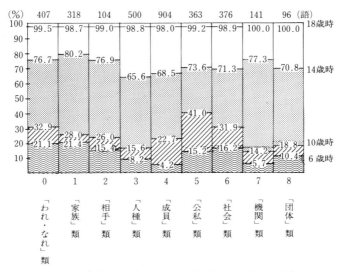

図 13　意味分野ごとの習得比率〈人間活動の主体〉

される。

　10 歳時において、習得比率が 10% 台にとどまっている項目は、「人種」類（民俗・国民・社会階層など）、「機関」類（公共機関・議会・軍など）、「団体」類（同盟・党派・閥など）で、いずれも社会関係的な内容を含む項目であることが注目される。なお、「公私」類がもっとも高い比率になっているが、これは、この項目の中に固有地名（国名・地域名）が配置されていることによる結果である。

　14 歳時において、習得比率が 70% に達しない項目は、「人種」類と「成員」類である。「公私」類、「社会」類（社会分野・事務所・宅など）の増加率が低いことが指摘されるが、一

方で「機関」類は高い増加率を示していることが注目される。学習によるものであろう。

18歳時においてはすべての類で達成率が98%となっており、完全習得に近づいている。

.3 人間活動―精神および行為

ここでは「人間活動―精神および行為」の下位範疇を見よう(図14)。

下位範疇は9項目に分類される。

6歳時および10歳時において、習得比率の高い項目は「文化・風俗」類(学事・遊び・スポーツ・身振りなど)と「創作・

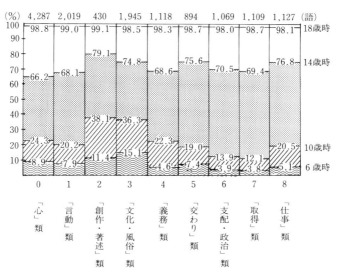

図14　意味分野ごとの習得比率〈人間活動―精神および行為〉

著述」類(文芸・美術・音楽・演劇など)で、いずれも児童にとっての興味関心の向く方面のものであることが指摘される。被調査者の個性もここに現れていよう。

一方、習得比率の低い項目は、「取得」類(所有・経済・需要・資本・取引など)および「支配・政治」類(国務・運営・人事・教育・制約など)で、いずれも児童の世界からは遠い大人の世界のものであることが指摘される。ただし、14歳時においては各項目の習得率の差は縮まってきており、18歳時にいたるとほぼ完全習得となっている。

.4 生産物および用具

さらに、「生産物および用具」の場合を見よう(図15)。

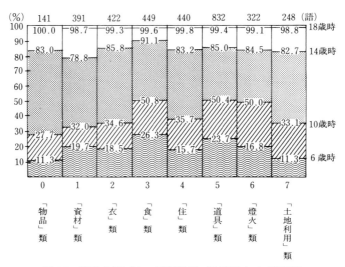

図15 意味分野ごとの習得比率〈生産物および用具〉

下位範疇は 8 項目に分類される。

6 歳時において、もっとも習得比率の高い項目は「食」類（食料・調味料・飲料・薬剤など）である。いわゆる「衣・食・住」の中で「食」が突出していることは児童の関心をさぐるという意味においても興味深いところである。「物品」類（産物・荷物など）や「土地利用」類（団地・土木施設など）は概して習得比率が低い。

10 歳時において、50% を超えた項目は、上述の「食」類のほか「道具」類（容器・文具・楽器・玩具など）と「燈火」類（機具・機械・計器・乗物など）である。

14 歳時においては、各項目の習得比率は均一化してきているが、特に「物品」類の累進スピードの早いことが注目される。

18 歳時においては、すべての項目で習得比率が 98% を超える。

.5 自然物および自然現象

最後に、「自然物および自然現象」の下位範疇について見ることにする（図 16）。

「自然物および自然現象」は 7 項目に細分化される。

6 歳時において、習得比率の一番高い項目は、「動物」類（獣・鳥・魚・虫など）である。やはりこの分野が児童の興味関心のもっとも強くはたらく分野なのであろう。10 歳時においてもこの「動物」類の比率は 60% を超えている。これはすべての分野の中でもっとも高い比率である。一方、習得比率の低い項目は、「宇宙」類（天体・山野・海・地相など）や「生命」

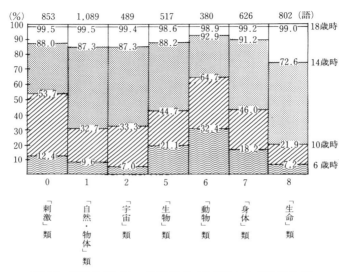

図16　意味分野ごとの習得比率〈自然物および自然現象〉

類(生死・生理・健康・病気など)である。ただし、「宇宙」類の累進スピードは急激である。

　6歳時から10歳時にかけての累進率で注目されるのは、「刺激」類(光・色・音・におい・味など)である。6歳時では比率は高いとは言えないのであるが、10歳時においては50%を超えるにいたっている。これはこの項目の中にいわゆる擬声語・擬態語が多く配置されていることによる結果である。

　14歳時においては、各項目の比率は均一化してきているが、「生命」類だけが70%台で低迷している。しかし、18歳時においては、この「生命」類も99.0%の高率になり、各項目間の差異はまったく認められなくなっている。

注

(1) この語数は、筆者の計数による。若干の数え違いがあるかもしれ
ない。

(2) 10 歳時点までの状況については、次の拙論で報告した。
「理解語彙量の累増過程—ことばの習得をめぐる事例研究—」(『言
語と文化』凡人社、1986)
なお、そこでは 6 歳時点での習得語彙の一覧表(約 4,000 語)を掲げ
た。これは日本語教育における学習基本語彙リストとしても有用
であろう。

(1994.2)

補注

(1) ここでの調査の対象とした台帳は『分類語彙表』の初版(1964、秀
英出版)である。『分類語彙表』はその後改訂されて、『増補改訂版
分類語彙表』(2004、大日本図書)として出版されている。

8. 現代人にとっての
　　理解不可能な語彙

1　はじめに

　前章で記述したように、筆者は、かつて、ある個人の第一言語としての語彙量の習得状況を経年的に調べたのであった。具体的には、国立国語研究所『分類語彙表』(旧版)の収載語彙を対象にして、6歳、10歳、14歳、18歳のそれぞれの段階において、各語を知っているかいないかをチェックしていったのである。

　6歳時点での理解語数は4,464語であったが、これは母集団のうちの12.3%に当たる。10歳時点では11,029語で、これは30.4%に当たる。また、14歳時点では27,308語で、これは75.3%に当たる。そして、18歳時点での理解語数は35,813語で、これは母集団のうちの98.8%に当たる。

2　18歳時点で理解できなかった語彙

　前章での調査において、インフォーマントが18歳時点(1991

年)で意味を確実に説明できなかった具体的な語彙とは、次の
ものである。ここでは五十音順に排列した。（　）内の数字は、
『分類語彙表』での品詞論的範疇・意味的範疇による分類番号
である。

　　アームホール(1・1)、相身互い(3・1)、明き止まり(1・7)、
　足溜まり(1・1)、阿諛(1・3)、罨法(1・3)、偉観(1・5)、偉
　効(1・1)、いざる(2・3)、石がけ(1・4)、蝟集(1・1)、いせ
　込み(1・3)、いせ込む(2・3)、いせる(2・3)、佚(1・1)、一
　佐(1・2)、いらえる(2・3)、殷々(3・5)、隠見(1・3)、淫祠
　(1・2)、殷賑(3・3)、鬱勃(3・1)、ウナ電(1・3)、うろ(1・
　1)、胡乱(3・3)、運上(1・3)、倦ずる(2・3)、英京(1・2)、
　鋭鋒(1・1)、英邁(3・3)、胞衣(1・5)、怨嗟(1・3)、掩蔽
　(1・1)、追い羽根(1・3)、岡惚れ(1・3)、岡焼き(1・3)、お
　七夜(1・1)、お為ごかし(3・3)、おっつかっつ(3・1)、おも
　と(1・2)、恩威(1・3)、外延(1・1)、開顕(1・1)、開鑿(1・
　1)、回漕(1・3)、拐帯(1・3)、戒飭(1・3)、該博(3・3)、開
　平(1・3)、解纜(1・1)、壊乱(1・1)、加給(1・3)、瑕瑾(1・
　1)、隔意(1・3)、擱座(1・1)、郭清(1・3)、陰膳(1・4)、掛
　け茶屋(1・4)、かつぎ屋(1・2)、刮目(1・3)、潤葉樹(1・
　5)、廉(1・1)、嘉納(1・3)、下僚(1・2)、嘉例(1・3)、革砥
　(1・4)、管下(1・1)、官海(1・2)、官紀(1・3)、奸計(1・
　3)、間歇的(3・1)、勘考(1・3)、寒肥(1・4)、諫止(1・3)、
　閑日月(1・1)、貫首(1・2)、管掌(1・3)、簡捷(3・1)、奸臣
　(1・2)、冠絶(1・1)、含嗽(1・3)、奸知(1・3)、官等(1・
　1)、煥発(1・3)、玩弄(1・3)、気韻(1・1)、亀鑑(1・1)、機

宜(1・1)、奇矯(3・1)、掬する(2・3)、貴顕(1・2)、軌条(1・4)、帰趨(1・1)、艤装(1・3)、兇状(1・3)、兇状持ち(1・2)、嚮導(1・1)、橋頭堡(1・4)、巨魁(1・2)、挙措(1・3)、近因(1・1)、苦衷(1・3)、供奉(1・3)、兄事(1・3)、閨秀(1・2)、警乗(1・1)、軽躁(3・3)、逕庭(1・1)、係累(1・1)、ゲージ(1・1)、激越(3・1)、結跏(1・3)、結滞(1・1)、顕官(1・2)、顕職(1・2)、兼摂(1・3)、顕然(3・1)、眷族(1・2)、懸濁(1・5)、堅調(1・1)、堅忍不抜(3・1)、懸壅垂(1・5)、浩瀚(3・1)、肯綮(1・1)、恒産(1・3)、嚆矢(1・1)、控除(1・1)、轟然(3・5)、候鳥(1・5)、こうっと(4・3)、口碑(1・3)、弘布(1・1)、碁敵(1・2)、扱き混ぜる(2・1)、告諭(1・3)、股肱(1・2)、心安立て(3・3)、湖心(1・1)、後夜(1・1)、垢離(1・3)、蠱惑(1・3)、滾々(3・1)、困憊(1・3)、斎戒(1・3)、才幹(1・3)、在隊(1・1)、在天(1・1)、作因(1・1)、策応(1・3)、索然(3・3)、索敵(1・3)、さく葉(1・5)、さしうつむく(2・1)、差等(1・1)、山窩(1・2)、三正(1・2)、潸然(3・3)、簒奪(1・3)、賜暇(1・3)、伺候(1・3)、時好(1・3)、しこる(2・5)、しさる(2・1)、孜々(3・3)、止宿(1・3)、諮詢(1・3)、使嗾(1・3)、桎梏(1・4)、櫛比(1・1)、しののめ(1・1)、四半斤(1・1)、揣摩臆測(1・3)、弱卒(1・2)、這般(1・1)、借問(1・3)、重囲(1・1)、従卒(1・2)、集注(1・1)、従犯(1・2)、宿根草(1・5)、恤兵(1・3)、准尉(1・2)、諄々(3・3)、准将(1・2)、浚渫(1・1)、純分(1・1)、捷径(1・1)、猖獗(1・1)、蕭殺(3・5)、情実(1・1)、祥月命日(1・1)、聳動(1・1)、城頭(1・1)、尉になる(2・5)、定紋(1・3)、慫慂(1・3)、照覧(1・

3)、叙任(1・3)、しわい(3・3)、心事(1・3)、真率(3・3)、すが目(1・5)、すがれる(2・5)、すなどる(2・3)、スフ(1・4)、ズルチン(1・4)、スレート(1・4)、精華(1・1)、盛観(1・1)、清規(1・3)、請訓(1・3)、凄愴(3・3)、生蕃(1・2)、清遊(1・3)、赤誠(1・3)、積弊(1・3)、摂社(1・2)、説服(1・3)、先考(1・2)、潜勢力(1・1)、先妣(1・2)、宣撫(1・3)、禅味(1・1)、全目(1・1)、喪心(1・3)、叢生(1・5)、踪跡(1・1)、涼々(3・5)、操短(1・3)、壮途(1・1)、総屯(1・1)、増俸(1・1)、素懐(1・3)、簇生(1・5)、属僚(1・2)、素志(1・3)、租借(1・3)、祖述(1・3)、粗杂(1・5)、素封家(1・2)、存置(1・1)、村夫子(1・2)、隊伍(1・1)、帯同(1・1／1・3)、逮夜(1・1)、惰気(1・3)、謫居(1・3)、たご(1・4)、他行(1・1)、惰弱(3・3)、裁ち出し(1・3)、裁ち出す(2・1)、建値(1・1／1・3)、たまさか(3・1)、玉縁(1・3)、たまゆら(1・1)、たも(1・4)、ダラ幹(1・2)、譚詩(1・3)、嘆美(1・3)、治績(1・3)、駐劄(1・1)、中っ腹(1・3)、中夜(1・1)、調練(1・3)、貯炭(1・3)、鎮撫(1・3)、沈勇(1・3)、追儺(1・3)、つかねる(2・1)、接ぎ穂(1・1)、付け側(1・1)、つけつけ(3・3)、角ぐむ(2・5)、庭訓(1・3)、逓減(1・1)、亭々(3・1)、停頓(1・1)、丁年(1・1)、徹見(1・3)、粘葉装(1・3)、電探(1・4)、展墓(1・3)、填補(1・1)、天佑(1・3)、典麗(3・3)、韜晦(1・1)、刀圭(1・3)、蕩尽(1・1)、盗電(1・3)、道統(1・3)、登攀(1・1)、常磐木(1・5)、徳性(1・1)、渡渉(1・1)、とらかす(2・3)、遁辞(1・3)、流し元(1・1)、なずむ(2・3)、並等(1・1)、鳴りはためく(2・5)、日限(1・1)、脳漿(1・5)、悩乱(1・3)、パージ

（1・3）、廃娼（1・1）、肺尖（1・5）、沛然（3・1）、廃頽（1・1）、背馳（1・1）、俳味（1・1）、曝書（1・3）、驀進（1・1）、曝涼（1・3）、端境（1・1）、八紘（1・2）、跋渉（1・1）、ハツタケ（1・5）、抜本塞源（1・1）、はつり（1・1）、はつる（2・1）、花文字（1・3）、母もの（1・3）、馬匹（1・5）、はまだらか（1・5）、はんべる（2・1）、引き具す（2・1）、ひしぐ（2・1）、費消（1・3）、微賤（3・3）、鼻祖（1・2）、顰み（1・3）、顰める（2・1）、避退（1・1）、襞奥（1・1）、襞山（1・1）、微衷（1・3）、筆誅（1・3）、火取り虫（1・5）、霏々（3・1）、紊乱（1・1）、深まさる（2・1）、復仇（1・3）、輻輳（1・1）、複比例（1・1）、趺坐（1・3）、伏しまろぶ（2・1）、ふすべる（2・5）、ふすぼる（2・5）、伏せ止め（1・1）、伏せ止める（2・1）、浮流（1・1）、無聊（1・3）、分蘖（1・5）、文弱（1・3／3・3）、分掌（1・3）、粉本（1・3）、睥睨（1・3）、弊風（1・3）、劈頭（1・1）、ペプラム（1・4）、偏頗（1・3）、芳紀（1・1）、法帖（1・3）、捧呈（1・3）、澎湃（3・1）、堡塁（1・4）、暴戻（3・3）、卜する（2・3）、没書（1・3）、匍匐（1・1）、帆前船（1・4）、ほまち（1・3）、暮夜（1・1）、蒲柳の質（1・5）、翻然（3・1）、奔騰（1・1）、奔命（1・3）、マタドール（1・4）、まどらか（3・1）、満都（1・1）、満目（3・1）、冥加（1・3）、妙諦（1・3）、銘仙（1・4）、明眸（1・5）、面詰（1・3）、面上（1・1）、没義道（3・3）、もだす（2・3）、保ち合い（1・1）、物は付け（1・3）、もやう（2・3）、紋日（1・1）、薮入り（1・3）、山出し（3・3）、宥恕（1・3）、幽邃（3・5）、遊惰（1・3）、祐筆（1・2）、夕まぐれ（1・1）、遊弋（1・1）、遊歴（1・1／1・3）、宥和（1・3）、ゆくりなく（3・1）、溶暗（1・1）、揺曳（1・1）、容喙（1・3）、膺懲（1・3）、要

諦(1・3)、余蘊(1・1)、横紙破り(3・3)、よしず張り(1・3)、よすが(1・1)、余の儀(1・1)、余燼(1・3)、余弊(1・3)、輿望(1・3)、ヨメナ(1・5)、ラーゲル(1・2)、ライニング(1・3)、濫觴(1・1)、離間(1・3)、竜頭(1・4)、粒々辛苦(1・3)、猟官(1・3)、良導体(1・5)、糧秣(1・4)、臨模(1・3)、淪落(1・1／1・3)、累次(1・1)、累代(1・1)、連累(1・1／1・3)、陋巷(1・2)、臓たける(2・1)、篭絡(1・3)、陋劣(3・3)、鹵獲(1・3)、ロハ(3・3)、破れ鐘(1・4)

　以上の語彙の特徴について指摘される点としては、まず、裁縫の専門用語(アームホール、いせる、スフ、裁ち出す、ペプラム、ライニングなど)と軍隊用語(嚮導、橋頭堡、索敵、隊伍、調練、匍匐など)が多いということがある。この点については、『分類語彙表』のよっているデータベース(婦人雑誌の用語)、そして、『分類語彙表』作成の主幹であった林大氏の属性が一部反映しているように思われる。また、語種に関しては、漢語が大部分ではあるが和語も約 19% を占めている。また、ズルチン、マタドール、ラーゲルなどの外来語のほか、ロハのようなものも存在する。

3　その後

　その後、10 年の歳月が経過し、2001 年現在、インフォーマントは 28 歳になった。

　そこで、本人に『分類語彙表』をあずけて、上の語彙について、意味が説明できるものに印を付してもらった。調査は、

2001年11月である。

　上の語彙リストにおいて、下線の付されていない語が、意味が説明できるものとして、インフォーマントにとって新しく加わった理解語彙である。これを18歳時点での理解語彙に加えると、その量は母集団のうちの99.2%に当たる（図17）。

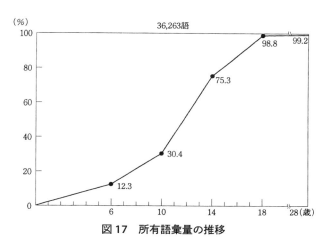

図17　所有語彙量の推移

　さて、上掲の語彙リストで下線を付した283語が、この段階においても習得されない語彙というわけである。したがって、これらを「(一般)現代人にとっての理解不可能な語彙」と認定しても差し支えないのではなかろうか[1]。

注
(1) ちなみに、2001年度、大妻女子大学の学生（関東出身者72人）と神

戸松蔭女子学院大学の学生(関西出身者53人)を対象にした調査の結果では、これらの語の意味を確実に説明できる者は皆無に近いことが判明している。なお、たとえば「隠見」という語を「陰険」と、「存置」という語を「存知」と取り違えるなど、誤った説明のなされる語も多かった。

(2002.1)

9.　Vernacular の記述をめぐって

1　はじめに

　一地点における生活語彙の記述として特筆すべき業績に、山浦玄嗣さんによる『ケセン語大辞典』(無明舎出版、2000)がある。山浦さんは、ケセン語を「方言ではなく、日本語ともアラビア語ともフランス語とも対等」の一つの独立した言語として捉え、35,000語という膨大な量の語彙を記録している。山浦さんは開業医であるが、彼の診察室に日々訪れる地元の患者とのやりとりから収集したもののようであるが、そこには、例えば「チジュン〈基準〉」とか「コアチ〈高圧〉」などといった語が収載されている。

　ここで私が少し気になるのは、私自身の経験上のことなのであるが、生活言語にはその使用における層があると考えることにかかわる点である。ここでの「チジュン」、「コアチ」などの語は、本当にケセンという地域社会における vernacular(土着語：地域に密着した伝統的生活語)に属する語彙なのか、ということである。そこには別の層のものが混じり込んでいるので

はないか。患者が、医師の前なので、少し改まった語彙運用を
した、ということもあるのではないか。地域の生活者の口から
出たことばだからとして、そのすべてが vernacular と言えるか
どうか。「耳で聞いていないことばはないし、すべてアクセン
ト記号を付してある。生きていることばだけを集めた」と山浦
さんは言うが、言語の層別のことを考えると、そこは気になる
ところである。

2 個人語彙について

　個人語彙（idiolect）に関しては、安定した語彙と浮動的な語彙
とがあると考える。そもそも地域社会には二つ、あるいは三つ
（以上）の言語層があることが指摘される。その一つは、基底層
というべき vernacular に属する語彙である。これは、地域社会
において最初に学ぶ言語である。これに対して、その上層部と
いうべき、公的、基準的な言語がある。日本列島で言えば、東
京語を基盤として発達した共通語がそれである。

　基底層の言語は、いったん習得されたあとは、個人において
忘れられる部分はあっても、さらに付け加わるとか、それ自体
が変化することは少ない。それに対して上層部は絶えず浮動し
ている。なお、柴田武先生によれば、沖縄、宮古島平良の場
合、上層部に第 1 と第 2 があり、第 1 上層部は首里を中心とす
る琉球語であり、第 2 上層部は東京を中心とする「日本標準
語」であるという（柴田 1971）。

　したがって、語彙の記述は、まずは基底層から始めるべきで
ある。ある程度の年齢を重ねたインフォーマントからは、その

基底層は内省報告として報告されるはずのものである。基底層は安定した観察しやすい対象と考えられる。

3 語彙の基底層の調査

そのような観点から、私は、富山県の五箇山郷で、1924年生まれの一女性をインフォーマントとして、その個人の基底層における語彙の記述調査を進めたのであった。インフォーマントに少女時代の記憶を辿りながら1語1語を思い浮かべ報告してもらって書き留めるという作業を継続したのである。

4 Vernacular に属する語彙の数

その調査の結果によれば、基底層の部分は、どうしても10,000語を超えないのである。そのような次第で、ケセンの場合の35,000語という数が、vernacular に属する語彙の内容としては気になったというわけである。

ただし、基底層というものが vernacular に属する語彙であって、それは学校に入ってから学ぶ、いわゆる学習語彙とは異なるレベルのもの、というふうに言っても、問題は、そういうものが明確に記述できるものかどうかということである。一般には、そういうことをきっちりと内省できる人は実はあまりいないのではないか。そもそも、これは学校に入ってから習ったことば、これは本来の生活の場でのことば、と弁別して内省できるものなのかどうかいう方法論的なことがある。ただ、伝統的な地域社会に育ったシャープなインフォーマントであれば、そ

れができるのではないか、という思いもまた一方で私にはある。

　かつて、柴田武先生が、沖縄・宮古島方言の記述に関して、「宮古島方言は、日本標準語と著しく異なるために、同形、同義の方言はほとんどない。ここでの記述は、迷うことなく、すべての語を記述していけばいいのだ」と話されたことがあった。確かに、沖縄のように、音韻体系が標準語とかなり異なるところでは、その音形によって語の層を判定するといった言語学的な手法が使えるであろう。しかし、その方言においてHigh（高位）スタイルとして運用されている語彙までもが伝統方言の音的フィルターを経ている場合には、この判定も実は怪しくなくなるのではないか。たとえば、方言の音的フィルターによって変形して、「基準」という語が「チジュン」、また、「高圧」という語が「コアチ」となっていたとして、その音形だけをもって vernacular と言えるのかどうかという問題である。ここでも頼りはインフォーマントの内省なのである。

5　おわりに

　私が調査対象としたのは、インフォーマントが少女時代の1930 年代において所有していた語彙であった。1930 年代に限定したのは、その年代が話者の言語形成期であり、語彙の基底層が形成された時期と考えたからである。比較的安定した体系がそこに見いだされるのではないかと考えての措置であった。その予想はほぼ当たっていて、いくつかの体系性を帰納することに成功はした（真田 1990）。しかしまた、そこには完結した

静的なものばかりではなく、かなり浮動的な部分を含むものがあることも事実であった。そこで改めて実感したのは、時間的流れの中での動的な実態にも積極的に目を向けるべきである、といった観点であった。

参考文献

真田信治(1990)『地域社会の社会言語学的研究』和泉書院
柴田武(1971)「語彙研究の方法と琉球宮古語彙」『国語学』87

(2003.6)

10. Diachronic change within an idiolect

1 Introduction

I cannot dispel my feeling that, with the arrival of the new millennium, we are entering a period of great transition unequalled in recorded history.

We have already reached the point, for example, where it is difficult for young people to truly sense the class system of the past. With sexual discrimination as well, the situation now and a half-century ago is as different as night and day.

In relation to language problems, it is safe to say that the foundations are being swept away from dialectal honorifics, which existed along with these class systems. What transition will gender differences in Japanese undergo in the near future? Agriculture, a key industry in the 20th century is being shaken from its very foundations. It is only natural that those regional dialects, which developed with agricultural communities, should be destabilized as well.

In the world today, we see a massive shift from the old to a new order. Since those who have personal knowledge of this old order are still alive, it follows that we are now in the only period in history when we can record concrete and detailed description of the ways things are.

Those of us who have followed these currents now find ourselves teetering before a waterfall of unprecedented proportions. It was impossible to see these falls when we were further upstream, and they will once rush out of sight as we progress further downstream as well.

2   Sketch on language shift within an idiolect

The main topic for regional language communities in Japan after World War II was the standardization of Japanese. As mass media, such as TV and Radio became widespread, the language variety based on Tokyo Japanese diffused rapidly throughout the country. This language variety functions as a common language in formal situations. In some areas of Japan it is used in informal situations as well. Thus, traditional dialect forms are disappearing in some dialects of Japanese.

In this paper I will focus on one particular speaker in a language community and the relation to lexical items that exist in the community.

Synchronically speaking, each lexicon in a person's vocabulary belongs to one of the following four categories.

(a) unrelated: lexical items that are never heard or not understood even if heard

(b) understanding: lexical items that are heard, and are understood

(c) infrequent usage: lexical items that are occasionally used depending upon the situation

(d) regular usage: lexical items that are frequently used in daily conversation

This is only one facet in the language history of a person. If we take a diachronic approach, the process of word use during the course of a person's language history is characterized as follows.

At birth, an individual would not possess any of these categories. Therefore, all words would belong to category (a). As the individual starts to have social experiences, a variety of words become as level (b). Some remain in (b), and others proceed from (b) to (c). In some cases, they would proceed further to level (d).

On the other hand, it is often the case that words in level (d) are categorized back to (c), (b), or even to (a) during an individual's language life. This tendency is clearly observed in cases of Alzheimer disease. Furthermore, 'baby talk' is another example whereby words which were used often enough to belong to level (d), then moved back to (b) or (a).

Apart from 'baby talk,' all individuals have had opportunities to think about the language changes that have occurred over the course of their lives. It is highly likely that even if individuals live their lives in the same area, they can recognize that they are using different language forms from those used in the past.

I am currently conducting a longitudinal survey using a female informant born in 1924 in the Gokayama area of Toyama Prefecture (Sanada 1983). This survey aims to clarify what kind of replacement lexicon occurs over the course of her life. Also this survey attempts to figure out into which category each lexeme is placed at certain points in her life (For the methodological issue on studying idiolects, see Kunihiro/ Inoue/ Long 1998).

For the rest of this section, I will present the diachronic change of each of the 26 lexical items. They are arranged based on semantic similarities. Below, I have listed a summary of the informant's response (in her own words) towards each lexical item. (Headwords are given in their Standard Japanese form.)

1) *jishin* 'earthquake'

> When I was a child, I heard old people used *nae*, I did not use it. Whilst old people said *nae ga iku* to express that an earthquake has happened. I used, *jishin ga iku* or *jishin ga yoru*.

2) *kiri* 'fog'

> When I was a child, I used to say *kasumi*. At that time, I had no semantic distinction between 'fog' and 'haze.' Later, I used *kasumi* except for formal situations. In recent years, I use *kiri* more frequently.

3) *niji* 'rainbow'

> In my childhood, I used to say *nyûji*, but some people also said *nyôji*. *Nyûji ga deru* refers to a rainbow appearing. Later, it was replaced with *niji*.

4) *katatsumuri* 'snail'

> When I was a child, I used *nebauji*. There is no semantic difference between 'snail' and 'slug.' Later, I came to know that *dendenmushi* and *katatsumuri*, refers specifically to 'snail,' Recently I use *katatsumuri* more often than *dendenmushi*.

5) *kabocha* 'pumpkin'

> When I was a girl, I used to say *bobera*. Later, I came to say *kabucha*,

instead. Recently I use *kabocha* more often. A *kabocha* is a different kind of pumpkin from the one I ate as a child.

6) *akanbo* 'baby'

When I was a child, I heard old people said *gago* although I personally did not use it. I used *nenne*. I came to use *akanbo* or *akachan* later. Recently, I use *akachan*.

7) *atama* 'head'

I have only ever used *atama*. I have heard other expressions such as *zuko*, but it sounds vulgar.

8) *hitai* 'forehead'

I used to say *futai* when a child. I also used *kobe*, but I used it to mean 'front of the head.' *futai* has changed into *hitai*.

9) *shimoyake* 'chilblain'

In my childhood, I said *ikiyake*. Later, I used *shimoyake* more often than before. Nowadays, I rarely see the condition itself.

10) *shippai* 'failure'

Shizukunai was used when I was a girl. It also meant injury. Later, I came to use *shippai* instead. I know the expression, *shikujiri*, but I myself do not use it. In recently years, I sometimes say *misu* in formal situations.

11) *yobu* 'call'

I said *yoboru*. For example, *shiyônin o yoboru* meant 'call a servant.' But in recent years, I use *yobu* more frequently.

12) *ôtosuru* 'vomit'

There are a lot of lexical items to express this word. When I was a girl, old people said *itaku*. I used expressions such as *gêshiru*, *kayasu* and so on. *Gêshiru* was used when talking with children. Later, these expressions were replaced by such words as *ageru, haku, modosu*. I know the formal Japanese form *ôtosuru*, but I rarely use it.

13) *suppai* 'sour'

I basically use *sui*. As I got older, I also used *suppai* especially when I talk to young people.

14) *nioi* 'smell'

When I was a child, I heard old people saying *kaza* although I did not use it. Instead, I used *hanaga*. Later I also used *niyoi*. Recently I have used *nioi* more than *niyoi*.

15) *daidokoro* 'kitchen'

I used to say either *mêja* or *tanamai* in my childhood. They meant 'water room', and 'in front of shelf' respectively. Later, I came to use *nagashi* or *daidokoro*. The latter is more widely used now. Recently, in formal situations, *kicchin* is preferred. The form of a kitchen has changed dramatically.

16) *sentaku* 'washing laundry'

When I was young, old people used to say *araimon*, but I did not use it. I said *sendaku*. This term later became *sentaku*. Nowadays *kurîningu* is used to describe a place where you can have your clothes laundered.

17) *saihô* 'sewing'

When I was young, old people used *sendaku* to mean sewing and not 'washing.' I used both *harishigoto* and *noimon*, but the former I used more frequently. Later, I came to use *saihô*, which has become the norm.

18) *kimono* 'clothes'

   I said *bâ* or *kinomo* when I was young. *Bâ* was used when talking with children. *Kinomo* has been replaced by *kimono*.

19) *warasei-amagu* 'straw-raincoat'

   I used to say *gozabushi* when I was a child. It means 'straw hat'. Recently, this raincoat can only be seen in folk craft shops.

20) *kyahan* 'leggings'

   I said *chahan*. Later, this form changed to *kyahan*. You do not see them nowadays.

21) *himo* 'string'

   When I was a girl, I used to say *hebo*. Later, I used *himo*.

22) *tako* 'kite'

   I said *ika* in my childhood. Later, I came to use *tako*. *Ika* is not used at all these days.

23) *eki* 'station'

   When I was a girl, I used to call a railway station *têshaba*. Later, I came to say *eki*.

24) *terebi* 'television'

   Ofcourse, TV did not exist in my childhood. Immediately after being invented, the TV was called *terebi*. However, I also know the word *terebijon*.

25) *urushi-shokunin* 'a person who works with japan lacquer'

   I used *nushiya* in my childhood, but later, I saw these people less and less. Recently, I seldom see them at all.

26) *mukashibanashi* 'a folktale'

   When I was a girl, I said *mukashi*. I used to ask old people, *mukashi kattate kudasari* 'tell us a folktale.' Recently, there is a decreasing number of old people who can tell folktales.

Figure 18　The aspects of the word renewal in a person

	1930's	1950's	1970's	1990's
1) earthquake				
nae				
jishin				
2) fog				
kasumi				
kiri				
3) rainbow				
nyôji				
nyûji				
niji				
4) a snail				
nebauji				
dendenmushi				
katatsumuri				
5) pumpkin				
bobera				
kabucha				
kabocha				
6) baby				
gago				
nenne				
akanbo				
akachan				
7) head				
zuko				
atama				
8) forehead				
kobe				
futai				
hitai				
9) chilblain				
ikiyake				
shimoyake				
10) failure				
shizukunai				
shippai				
shikujiri				
misu				

1930's 1950's 1970's 1990's

11) call
    yoboru
    yobu
12) vomit
    itaku
    gêshiru
    kayasu
    ageru
    haku
    modosu
    ôtosuru
13) sour
    sui
    suppai
14) smell
    kaza
    hanaga
    niyoi
    nioi
15) kitchen
    mêja
    tanamai
    nagashi
    daidokoro
    kicchin
16) washing laundry
    araimon
    sendaku
    sentaku
    kuriningu
17) sewing
    sendaku
    harishigoto
    noimon
    saihô
18) clothes
    bâ
    kinomo
    kimono

	1930's	1950's	1970's	1990's
19) straw-raincoat				
gozabushi				
20) leggings				
chahan				
kyahan				
21) string				
hebo				
himo				
22) kite				
ika				
tako				
23) station				
têsyaba				
eki				
24) television				
terebi				
terebijon				
25) a person who works with japan lacquer				
nushiya				
26) a folktale				
mukashi				
mukashibanashi				

—————— regular usage
· · · · · · · · infrequent usage
〜〜〜〜〜 understanding

Figure 18 shows the process of change in each lexical item. In order to grasp the usage, I have placed them in four time periods as follows:

1930s: informant's infancy
1950s: informant's young and middle age
1970s: informant's mature age
1990s: informant's old age

The results show the aspects of the language shift of one individual, who has spent her entire life in one language community in one period of history. The description in this paper only deals with one speaker, but it would be a mistake to regard the results as simply representing language acquisition at the individual level. Rather it is possible to infer that this shift clearly shows the diachronic change of language use in the language community itself. Therefore, in the history sketched out above, we can deduce language shift in this language community. This illustrates one aspect of the decline of Japanese dialects.

3   Conclusion

It is true that many different factors in modern society have affected the decline of traditional dialects. However, it appears that one of the primary factors is the dramatic changes in society. In Japan, there used to be a lot of naturally occurring communities. That is to say, an individual was born into a community, lived their whole life in the same area and spent their language life within a certain social network.

However, social conditions have changed along with the development of transportation systems and a change in the fabric of society. Therefore, the number of individuals who stay and live their lives in naturally occurring communities is decreasing year by year. Under these conditions, dialects are understandable to those who were born and grew up in the same area, but not to outsiders. Eventually, it is inevitable that dialect speakers use a common language. This common language is fulfilled by Tokyo Japanese which effectively drives local dialects out（Yoneda 1997）.

Ofcourse schools and mass media such as TV and radio also play a part in this spread of a common language, but it is this change in society that is the most influential factor in explaining the decline of traditional dialects.

References

Kunihiro, Tetsuya/Inoue, Fumio/ Long, Daniel (ed.) (1998) *Takesi Sibata Sociolinguistics in Japanese Contexts.* Berlin: Mouton de Gruyter.

Sanada, Shinji (1983) *Nihongo no Yure* (Diversity in Japanese) Tokyo: Nan'undo.

Yoneda, Masato (1997) Survey of standardization in Tsuruoka, Japan: Comparison of result from three surveys conducted at 20-year intervals. *Japanese Linguistics.* Vol. 2: pp.24−39.

(2003.12)

11. 一個人の所有する人称語彙

1 はじめに

　特定の個々の人物を指し示す（言及する）ときに用いる表現の形式を、ここでは「人称表現形式」と称する。そして、この人称表現形式の構成に参加する要素（語）の集合を「人称語彙」と呼ぶことにする。

　以下、富山県の五箇山郷をフィールドとして、この地域社会の言語を母方言とする一個人の所有する人称語彙についての考察を試みる。

2 記述の方針
2.1 調査対象について

　まずことわっておきたいことは、ここで目ざしているものが、一個人の人称語彙の総索引を作るということではなく、あくまで語と語との組み合わせの型と、その体系を極めることであるという点である。次に記述の手順に関して若干述べておく。

一地域社会において、その地域言語の体系と呼ぶべきものが
あるとすれば、それは究極的には、その地域社会を構成するメン
バー各人の頭の中にも構築されているはずである。もちろ
ん、個々人のその所有語彙の質および量には多少の偏りがあろ
う。特に、人称語彙といったようなものにおいて、その偏りは
かなりの大きさであろうと予想される。しかしながら、語彙の
体系を極めること、つまり、その枠組みの検討という立場から
は、先に述べたように、ともかくも対象を、個人語彙（idiolect）
の世界に求める必要があると考える。
　この観点から、調査者（筆者）は、協力者（筆者の母）の所有語
彙に限定して考察を試みたのである。

2.2　記述語彙のレベルについて

　記述の対象を個人の所有語彙に限定するにしても、考えるべ
き多くの問題がある。まずその語彙の中にも、普段のくつろい
だ生活の場で用いる語、改まった公的な場で用いる語、また、
特に改まらなくとも、話し手や話題の主を配慮したときに用い
る語、さらには、頭の中だけに秘めておくべき語など、種々の
レベルのものが混在している。それらは、共時的な観点におい
て、厳密には分けて考える必要があろう。現実の言語行動の場
において、時にこれら種々のレベルのものが交じり合って出現
することがあるとしても、使用者は、その内省の段階において
は、これら個々の語についてのレベル認識を持っているはずで
ある（もちろん、すべての話者がそうだとは限らないし、その
意識の仕方についても程度の差はあろう）。
　ここでは、あくまで、協力者自身の内省にしたがい、日常の

くつろいだ場、家庭生活のレベルにおいて用いる表現に考察の範囲を限定した。すなわち、たとえば、歴史上の、または架空の人物などを指し示す形式については、一応、分析の対象から省くことにしたわけである。

2.3 調査の場について

調査の実際は、次のようである。

まず、調査者と協力者の間において日常の話題にのぼる具体的人物（したがって、協力者にとってだけのかつての職場での同僚などは除かれる）という限定のもとに、協力者から、その連想のおもむくままに人称語を報告してもらった。一方、調査者は、その記録の段階で、調査者自身の内省によって、補充・修正すべきと考えたものについて、協力者に問い、その同意のもとに一部を補正した。

調査記述の期間は 1977 年 8 月中旬の 1 週間である。

3 人称表現形式とその構成

協力者（以下、インフォーマントと呼ぶ）から得た人称表現形式の量（全体数）は、400 余であった。そこで、人称語彙の構造を帰納することをテーマとして、当該 400 余形式のそれぞれの構成について、また、対象になった 400 余人の具体的人物の属性との相関について検討を加えることにしたい[1]。

3.1 人称表現形式を構成する要素（語）の種類

まず、具体的な形式を見てみよう。人称表現形式とは、たと

えば、次のようなものである。

①タツオ　②トーサン　③チョスケノトーチャン　④ウラノ
ハルエサン　⑤アカオノウラノカーチャン　⑥イナミノゴボ
サマ　⑦ハチロー　センセー　⑧カンダサン

　①は、ある個人の名前(人名)そのものである。②は、親族名
そのものである。③は、家称名(屋号)と親族名とで構成されて
いる。下線がその構成要素である(以下も同じ)。④は、家称名
(屋号)とある個人の名前(人名)とで構成されている。⑤は、地
名(ここでは集落名)と屋号と親族名とで構成されている。⑥
は、地名(町名)と職業名(御坊様―僧侶)とで構成されている。
⑦は、姓と職業名(先生―教員)とで構成されている。そして、
⑧は、ある個人の苗字(姓)に「サン」が付いた形である。
　以上の例で見る通り、これら人称表現形式は、いくつかの要
素(語)を組み合わせて成り立っている。収集した人称表現形式
の構成要素を分析した結果、次の6範疇を抽出することができ
た。

　親族名　人名　屋号　姓　職業名　地名

　以下、これらに属する個々の要素について、順に見ることに
しよう。

親族名
オージーチャン、オーバーチャン、ジーチャン、オジジ、

ジーサ、ジージ、バーチャン、オババ、ババサ、バーバ、オ
トーサン、トーチャン、トーサン、オカーサン、カーチャ
ン、オクサン、オバチャン、オジサン、ニーチャン、アン
サ、アニキ、オッサ、ネーチャン、ネーサン、ボーヤ

　ここでの親族名と称するものは、個人間の親族的な関係を表
すものではなく、個々人の所属する「家」の中での、それぞれ
の座(status)を表すものである。したがって、いずれも、「～家
の□」という表現での□内に代入できるわけである。

　人名(個人の名前である。名＋サンなども含む。)
クニ、クニオ、タツオ、ユキオ、タケシ、オサム、ヨシハ
ル、タケコ、ノリコ、ヒロコ、ユキコ、アキコ、シオリ、ミ
ツノリサン、ノリハルサン、コーイチサン、タダオサン、カ
ツジサン、ヨシノリサン、イサオサン、ノブオサン、セーキ
ンサン、マサオサン、ジツオサン、ショージサン、ヤスコサ
ン、カズコサン、キヌヨサン、ハルエサン、エツコサン、
ジュンチャン、コーチャン、ミサオチャン、キョーコチャ
ン、エッチャン、ユキチャン、など。

　屋号(戸籍上の姓とは別の家称名である。姓と同一形式の場
合もあるが、この地域ではどの家も必ず屋号を持っている。)
ヒガシ、ニシ、キタ、キタンニャ、イナミ、イナクボ、ク
ボ、タキ、コセ、コセンダ、ソラ、ヘラ、ノー、ハバ、シ
マ、タン、タンボ、タナカ、オキタ、ミスカミ、カミヤ、シ
モ、ウイダ、シタ、エーシタ、ヤマシタ、サカシタ、ナカ

ヤ、ムカイ、エムカイ、マエ、オモテ、ウラ、ウラナイチ、アイチ、オモヤ、デーエ、アライ、アラヤ、シンダチ、クラ、ミヤノクラ、カドグチ、キョズカ、テラ、マチ、コーヤ、チャヤ、コザカヤ、オキヤ、オタンヤ、ダイク、イワゼ、タナベ、マルチョ、カネー、カネザキ、アダチ、タケマル、イッチョモ、ジロベ、シコクロ、ハチロ、ゴロ、ゴヘ、ロクベ、ロクヨモ、トーベ、ジューベ、ジンザエモ、チューベ、チョージロー、チョスケ、カンニョモ

以上の屋号は、すべてインフォーマントの生活していた上平村域のものに限られている。

姓(いわゆる戸籍上の苗字である。姓＋サンも含む。)
カワハナ、ハチロー、ナカタニ、モングチ、イワセ、ミヤザキ、トビタ、コモリ、カワダ、サイトー、サトー、ノムラ、イシダ、シバタ、ミツダ、フジタ、カワモト、カトー、サトーサン、シモノサン、オータニサン、ヨシエサン、ヒサダサン、タケナミサン、カンダサン、など。

職業名
センセー、イシャ、ゴボサマ、カンヌシ、ジュンサ、ダイクサ、クソリヤ

数は少ない。「教師」「医師」「僧侶」「神官」「警察官」「大工」「売薬商」の７種のみである。

地名

カズラ、ナルデ、コズラ、アカオ、イワノ、アタラッシャ、タノシタ、ナカダ、シタジマ、ウルシタン、スガルマ、オゼ、ホソジマ、オハラ、カイムクラ』カミナシ、シムナシ、カゴド、ソヤマ」コジラカワ、ミノダン、センブク、カナヤ（以上、集落名）

トガ、ショーガワ、イナミ、ジョーハナ、フクミツ、トナミ、タカオカ、トヤマ』カナザオ、ワジマ、コマツ、マルオカ」アツミ、ナゴヤ、ギフ、キョート、ナラ、オーサカ、トーキョー（以上、市町村名）

地名のうちの多くは集落名である。この集落名に関しては、インフォーマントの生活圏であった五箇山郷、特に上平村域のものがその大部分を占める。（『の範囲で示したものが上平村域での集落、」の範囲で示したものが五箇山郷域での集落）。五箇山郷域以外のものは少ない。また、市町村名に関しては、北陸地方、特に富山県域のものが多い。（『の範囲で示したものが富山県域での市町村、」の範囲で示したものが北陸地方域での市町）。北陸地方域以外のものは7語あるが、このうちのキョート、ナラ、およびオーサカ、トーキョーは地域単位を表すものであることを指摘しておきたい。ここにインフォーマントの生活圏といったものが如実に現れている。

3.2　人称表現形式の構成パターンによる分類

　当該人称表現形式は、上掲の各グループに属する種々の語を組み合わせて成り立っている。その構成の型としては、次のよ

うなものがある[2]。

A. 　　　　　　　　親族名
B. 　　　　　　　　　　　人名
C. 　　　　屋号＋親族名
D. 　　　　屋号　　　　　＋人名
E. 　地名＋屋号＋親族名
F. 　地名＋屋号　　　　　＋人名
G. 　地名　　　＋親族名
H. 　地名　　　　　　　　＋人名
I. 　地名　　　　　　　　　　　＋職業名
J. 　地名　　　　　　　　＋姓
K. 　　　　　　　　　　　姓
L. 　　　　　　　　　　　姓＋職業名

　Aの型において表現されるのは4人、いずれもインフォーマ
ントの家族である。Bの型において表現されるのは3人、対象
はAと同様である。Cの型において表現されるのは31人、イ
ンフォーマントが生活していた集落の人物が大部分を占める。
他集落の場合は、主としてインフォーマントと親類の人物であ
る。Dの型において表現されるのは42人、対象はCとほぼ同
様である。EおよびFの型において表現されるのは260人、す
べて村の中での人物である。GおよびHの型において表現さ
れるのは25人、すべて村の外での人物で、インフォーマント
と親類の人物に限られている。Iの型において表現されるのは
13人、いずれも職業上の関係で当該地に在住、または訪問す

る人物である。JおよびKの型において表現されるのは24人、インフォーマントと調査者との間において共通の話題にのぼる当該地域外の人物で、主として調査者側の友人である。Lの型（〜センセーという形式が大部分）において表現されるのは22人、対象はJおよびKの場合とほぼ同様である。

　以上のそれぞれの型において表現される対象は、いずれも、インフォーマントにとって心理的空間において近い距離にある人物ということができる。特に、親類の人物などは心理的にごく近い存在であることは当然のことである。

　ここでは、社会的（地理的）空間といった側面から、これら表現対象を分析してみよう。

　まず、AおよびBのパターンで表現されるのは、いずれも家族であり、インフォーマントにとって最も近い距離にある対象である。

　次に、CおよびDのパターンで表現されるのは、主として集落内の、インフォーマントにとっての、いわば近隣社会での人物である。

　さらに、EおよびFのパターンで表現されるのは、村内の、インフォーマントにとっての、いわば周辺社会での人物である。

　一方、G以下のパターンで表現される対象は、主として村外の人物で、心理的にはともかく、地理的距離の点から言えば、遠隔社会の人物である。

　すなわち、インフォーマントにとっての表現の対象になる人物は、大略、「家」「近隣社会」「周辺社会」「遠隔社会」でのそれぞれに分類することができるわけである。インフォーマント

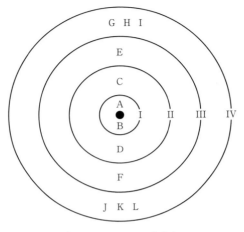

図 19 表現形式の分布層

を基軸とした、この、それぞれの社会の位置関係、および各社会に属する人物を表現する形式パターンの分布層を描くと、図19のようになる。

4 おわりに

　以上において、人称表現形式の要素として対象にできたものは200余語である。これは、もちろんインフォーマントの所有

する人称語彙の全体ではない。

　しかしながら、はじめに述べたように、ここで目ざしたもの
は、あくまで、表現形式にシステムを見出すこと、つまり、そ
の枠組みの把握ということであった。その観点からすれば、今
後、新たな要素が付け加わってくるとしても、以上の枠組みの
中での量を増やすだけのことであろう、と考える。

注

(1) ここでは、いわゆる人称代名詞や人間集団を指し示すときの言語
　　的手段などは考察の圏外においている。
(2) 人称表現形式を構成する要素の共起関係において、次の2点が指
　　摘される。
　　a：末尾に、親族名、人名、姓、職業名のいずれかを必要とする。
　　b：親族名、人名、屋号のいずれも、姓、職業名のいずれとも共起
　　　　しない、ただし、このような共起関係については、個人差、地
　　　　域差が予想される。

　　　　　　　　　　　　　　　　　　　　　　　　　　　（1979.7）

12. 地域人の空間認知

方言と地名

1 'dialect' としての地名

たとえば、福井県の「勝山」は地元ではカッチャマと呼ばれている。しかし、この地名を文字によって、あるいはメディアによる音声を通して間接的に受け入れた人はカツヤマと発音する、といった状況がある。

「勝山」をカッチャマと呼ぶのは、「勝山」に直接的なかかわりを持って、この地を生活上身近に捉えている人である、と言えよう。

地名の発音形式の分布領域を通して、一つの文化、社会の分布圏を確定する方法があると筆者は考えている。ここでは、奄美大島における、ある地域名の分布状況を手がかりとして、この方法論を検証してみることにしたい。

2 奄美大島における地名の呼称

図20は、「大和浜」の呼称の奄美大島での分布を示したもの

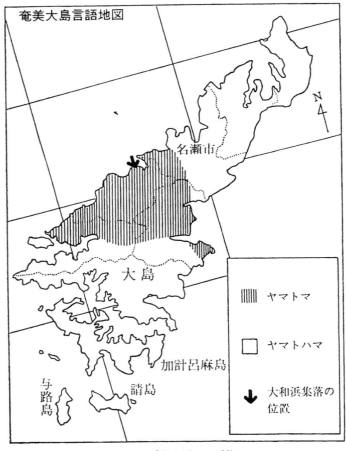

図20 「大和浜」の呼称

である。「大和浜」は大和村の中心集落である(図中矢印で示した地点)。地元ではヤマトマ［yamatoma］と発音されているが、この音形の分布域は、当該大和村を中心とする、隣接の名瀬市

の一部地域、住用村の一部地域、及び宇検村の一部地域である。この範囲を「大和浜」を生活の中で身近なところとして捉えている地域社会と認めることができる。

　一方、このヤマトマの分布域の外周にはヤマトハマ［jamato-hama］という音形が分布している。ヤマトハマは「大和浜」の逐字読みである。この音形の分布地点は、島内でも「大和浜」とあまり直接的な関係を持ってはいない地域社会と言えるであろう。

　次に、「古仁屋」の呼称を取り上げる（図21）。「古仁屋」は大島南部、瀬戸内町の中心地である（図中矢印で示した地点）。「古仁屋」の呼称において、まず指摘されるのは、当該地の周辺を除く多くの地点にヒギャホー［çigjaho:］という形式が分布していることである。このヒギャホーは〈東方〉に対応するものである。瀬戸内町内の東部、「古仁屋」を中心とした地域は、かつて東方村（ヒガシカタソン）と称されていた。

　クニャ［kunja］という音形の分布領域は、当該地の周辺に限られており、その範囲はほぼ瀬戸内町の区画と一致している。（ただし、大島北端の二地点は例外である。）この音形をとる地点は、まさに「古仁屋」を生活の中に密着した形で捉えているところ、すなわち、「古仁屋」の名についての使用頻度の高い地域社会なのである。一方、公的呼称であるコニヤという音形でもって呼ぶ地点の多くは「古仁屋」からは比較的隔たった地域にあるわけである。

　図22は、「名瀬」の呼称の分布を示したものである。「名瀬」は言うまでもなく奄美諸島の中心都市である（図中矢印で示した地点）。「名瀬」の公的呼称は「ナゼ」である。名瀬市街地の

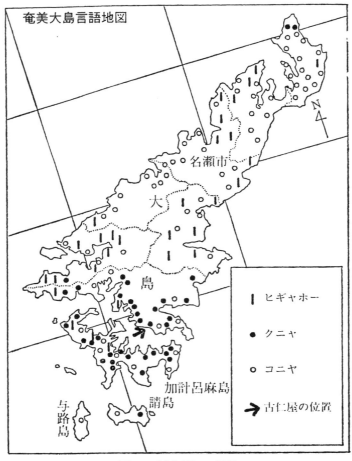

図 21 「古仁屋」の呼称

周辺部に 3 地点、市街地をイツブ［ʔitsubu］と呼ぶところがある。北の龍郷村の 1 地点でも「古くはイツブと言った」との報告がある。イツブは〈伊津部〉に対応し、現在、名瀬市街地の

12. 地域人の空間認知　125

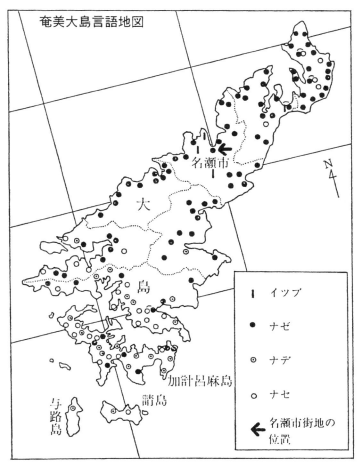

図22　「名瀬」の呼称

東北部の区域名称である。このことは名瀬の市街が〈伊津部〉あたりを核として発達したことをうかがわせるものである。

「名瀬」は当名瀬市周辺をはじめとする島内の多くの地点か

らナゼ［naze］と呼ばれている。南部にはナデ［nade］のまとまった分布領域がある。この形はナゼの変化形と認められる。南部の方言では、kazari→kadari〈飾り〉、zumen→dumen〈図面〉、zo:kin→do:kin〈雑巾〉のように、z音がd音に変化する傾向が著しいからである。

　注目したいのはナセという音形の存在である。このナセは大島の北部と南部とに離れて、周圏的分布の様相を呈しており、一見古い形のようにも見える。しかしながら、ナセの分布地点は、いずれも名瀬方面からは比較的遠隔の地であるという点を、上に述べたような地域名の分布パターンからすると、ナセの方をむしろ新しい形と見ざるをえないのである。すなわち、名瀬文化圏の外側にあって、その規制を受けずに地域独自に発生させた新形と考えたいのである。北部の2地点と南部の1地点でのナゼとナセとの併用地点において、いずれも後者ナセの方を新しい形と報告していることはこの推定を支持するものである。なお、全国各地の「瀬」の付く地名の多くが「セ」と発音されていることも類推として働いた可能性がある。

　さて、図23は、奄美大島の北部の中心地「名瀬」と南部の中心地「古仁屋」の呼称の分布圏を総合したものである。

　「名瀬」をナセ［nase］と呼ぶ地域は、北と南の境界線それぞれのほぼ外側なのである。名瀬市街地からこの境界線までの距離はかなり大きい。名瀬圏の勢力の強大さによるものであろう。一方、「古仁屋」をクニャ［kunja］と呼ぶ地域は瀬戸内町の領域にほぼ限られている。古仁屋圏の勢力は限定されたもので、けっして大きくはないことが分かる（真田1982）。

12. 地域人の空間認知　127

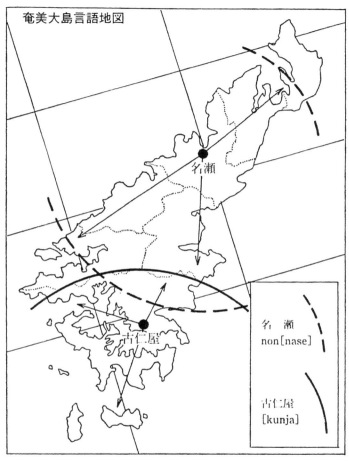

図23 「名瀬」圏と「古仁屋」圏

3 'idiolect' としての地名

　一個人の所有語彙のことを 'idiolect' と言う（第 9・10 章参照）。ここでは、'idiolect' としての地名の実態の一端をのぞいてみることにしたい。

　ところで、ある地点における A さんと B さんの二人の所有語彙を比較すると分かるように、その個人差は極めて大きい。そのことは、固有名詞、特に地名のことを考えれば容易に理解できよう。地名ももちろん語彙である。所有地名には個人間に共通するものもあるが、大部分はお互いに相違している。したがって、一個人の持っている地名語彙を記述することはできても、A さんと B さんに C さんが、さらに D さんが加わった場合に、それら個人の集合としての地名語彙を完全記述するということは困難なのではないか。そこで、筆者としては、まずは一人の頭の中にあるものをきっちりと記述することから始めるべきであると考えている。個人の地名語彙である以上、個人的な偏りは避けられない。しかし、個人はすべてそれぞれに偏っているのである。偏りを認めた上で、その地点の個人なら、誰にしても、その語彙のなかに土地の地名語彙の特質が出ているものと考えられる。

4 五箇山における微細地名

　以上の観点から、筆者は、富山県の五箇山郷で、1924 年生まれの一女性をインフォーマントに、その基底層における地名語彙の記録をしてもらったのである。インフォーマントに、少

女時代の記憶を辿りながら1語1語を思い浮かべつつ書き留めるという作業を行ってもらったのである（真田 1980）。

　いま、インフォーマントが少女期に持っていた微細地名（どのような地図にも載せられていない地名）語彙について見れば、生育地（富山県西南部の真木集落）の周囲に濃く分布し、遠くなるにつれて徐々に薄くなるような分布模様を示していることが分かる（図24）。

　生育地において生活上身近であった微細地名とは、次のようなものである。ここには集落内に存在するものだけを掲げる。

　　カケアシ　集落の表側（南東）にある山の斜面。畑地や雑木
　　　　　　　林、竹藪などがある。
　　ツボノマ　山の斜面にあり、くぼんでいる。なお、古語に深
　　　　　　　くくぼんだところを表す“壺”という語がある。
　　　　　　　ノマは当地の方言で山峡の傾斜面のこと。
　　ゼンマイノマ　集落の上方にある傾斜地。“薇”がたくさん
　　　　　　　生えた。現在は水田になっている。
　　ナカンジャラ　山の中腹にある平坦な場所で畑地になってい
　　　　　　　る。“中の平”か。
　　マセド　集落の裏側にある山地で畑もある。“真背処”か。
　　タナカバヤシ　田中という家の所有林のあった場所。
　　スゲダ　集落の裏側にある山地。
　　ウイダ　集落の中にある田地。“上田”か。
　　シンデン　集落の南側にある田地。新しく開墾した“新田”
　　　　　　　か。
　　ヘラ　シンデンの上方にある比較的平らな斜面。畑地になっ

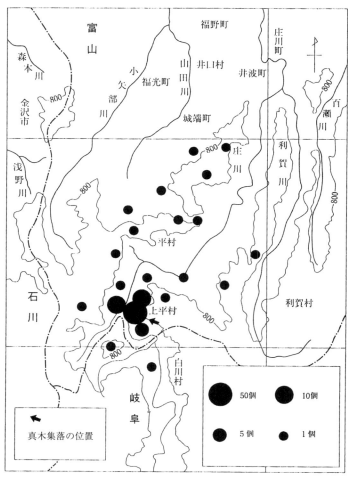

図24　微細地名の分布

ている。

オモテヤブ　集落の南東側にある雑木林。

ウラヤブ　集落の北東側にある雑木林。

ナカヤブ　オモテヤブとウラヤブの中間の場所にある雑木林。

シマ　当地を流れる庄川の右岸にある一区画。

ウラジマ　シマを三区画に分けた北側。

オクジマ　シマを三区画に分けた南側。

ナカジマ　ウラジマとオクジマの中間の場所。

オカンガキ　大きな柿の木がある付近。"オカン(お勘)"という人が植えたものと言う。

オジガキ　小さな柿の木がある付近。オジは"次男以下の男子"のこと。

カッチャバ　水車小屋のあった付近。"搗屋場"である。

エカダバ　庄川の右岸にある傾斜地。ここの川原は、かつて"筏"を組む場所だった。

ショーズバタ　地下水(清水)の湧き出る池がある付近。畑地になっている。

ユースイ　水道設備ができるまでは谷川の水を用水としたが、その谷川から用水の分岐点までの付近の場所。

ミトワカレ　用水の分岐点(飲料水や田の水に分かれさせる場所)。"水戸別れ"である。

ドージョヤシキ　昔、当地が天台宗であった頃の寺屋敷の跡と言われる。

トヨモヤシキ　"トヨモ(太右衛門)"という屋号を持った家

の屋敷跡。

オイゴヤ　集落の中にある田地。

イノイエ　集落の北東側にある畑地。"家の上"か。

ニシンタカ　ニシ(屋号)家の上の方にある場所。"タカ"は上の意味。

ウランタカ　ウラ(屋号)家の上の方にある場所。

クボンタカ　クボ(屋号)家の上の方にある場所。

チョスケンタカ　チョスケ(屋号)家の上の方にある場所。

アラインタカ　アライ(屋号)家の上の方にある場所。

キョズカンタカ　キョズカ(屋号)家の上の方にある場所。

オキョーズカ　昔、宗派の変更の時に古い宗派(天台宗)のお経を埋めたという"経塚"のある付近。

ガケハバ　庄川縁に近い畑地。川縁の崖のことをハバと言う。

クロカベ　黒っぽい岸壁のそばを通る道の付近。"黒壁"である。

ナカカベ　クロカベに隣近した場所。

マキンタン　集落の北側の山峡を流れる谷川。"真木の谷"である。

オータン　マキンタンの上流域。大谷である。

ウシクビ　オータン付近の山中の狭く平らな場所。

マセドンタン　集落の南側の山峡を流れる谷川。

トチダン　ツボノマ(前掲)地内を流れて庄川へそそぐ谷川。

ジョロイワ　マキンタンの中流にある大岩の付近。そこでは大蛇が美しい娘に化けて出るという伝説がある。"女郎岩"である。

オーダキ　マキンタンの上流にある大きな滝。
ナツヤケ　オーダキ付近の山中。
ハヤノマ　オーダキへ行く途中の崖。

これらは、ここではじめて日本語に登録されることになった地名なのである。

参考文献

真田信治(1982)「奄美大島における地名の呼称」『奄美—自然・文化・社会』弘文堂

真田ふみ(1980)『越中五箇山方言語彙 8 時間・空間に関することば』私家版

（2004.11）

13. 地域人の精神構造

1　地域のキーワード

　富山県の特徴的な方言形式の一つとされるものに終助詞の「チャ」がある。富山の方言を母方言とする人であれば、この終助詞によって表現される文脈のニュアンスは直感できるはずである。しかし、母方言を共有しない人にそのニュアンスに関する実感を共有してもらうことはなかなかむずかしい。

　この「チャ」は、標準語の「よ」で訳せることが多い。たとえば、聞き手を安心させようとして、

　　ナーン、ドモナイチャ。（何、大丈夫だよ。）

という場合での「チャ」は「よ」に言い換えられる。ただし、標準語での「だろうよ」のような推量の「だろう」形式には「チャ」を付けることができない。「あいつも行くだろうよ」の「行くだろうよ」を「イクヤローチャ」とは言えないのである。「チャ」は、系譜的には「と言や」、そして「と言えば」にさか

のぼると考えられるので、形式の上では「大丈夫だってば」などの「ってば」に対応するものと言える。

　富山県生まれの言語学者、井上優さんは、「チャ」が付加されることによって、「これはあらためて考える（言われる）までもないことだ」、「これ以上の選択肢は考えられない（考える必要がない）」といったニュアンスが生じると述べている。

　たとえば、次のようにである。

　ソリャー、ソーヤチャ。（そりゃ、そうだよ〈考えるまでもない〉。）

　〈聞き手を励まそうとして〉アンタナラ、ドモナイチャ。（貴方なら、大丈夫だよ〈心配する気持ちは分かるがそんな必要はない〉。）

　タノンチャ。（頼むよ〈嘆願─頼むというしかない〉。）

　〈「行くしかない」と観念して〉ワカッタチャ。イクチャ。イキャヨイガヤロ。（分かったよ。行くよ。行けばいいんだろう。）

　オラ、アンマ、ネトランガイチャ。（〈実は〉俺、あまり、寝てないんだよ。）

　そして、このような用例を分析し、「チャ」の基本的な機能について、次のような仮説を提出している。

「チャ」は、当該の情報が「既定事項」、すなわち「話し手の認識をこえて無条件に真であるとしてよい」と判断される情報であることを表す（「方言終助詞の意味分析」国立国語研究所研究報告集 16、1995）。

2　ニュアンスの実感

　私は、この「チャ」を添えた表現が、真偽をくつがえせない「既定事項」を表すのだという点に注目している。たしかに、「ヤッパリ、ダチカンチャ」のような表現は、「だめではないかもしれない」という期待を排除しようとして「ダチカン（だめだ）」ということを既定の事項として聞き手に示すものと言える。ちなみに、「ヤッパリ、ダチカンワ」と、文末が「ワ」となると、その情報は、その場で想起された話し手の個人的見解となるわけである。富山の方言を母方言とする人には、次の文の違いを内省してみていただきたい。

　雪、デカイトツモッテ、（コレンガヤチャ／コレンガヤワ）。

　標準語にこの区別は存在しない。私は、このような「チャ」の運用に地域人の精神構造のエッセンスを見る思いがする。たとえば、「ヨノナカッチャー、ソーユーモンヤチャ」（世の中とは、そういうものなのだよ）といった諦観である。そこには、個人の意思を超えたところの存在を認める敬虔さと同時に、ある意味での傲慢さもまた内包されているように思う。
　いずれにしても、この「チャ」は、浄土真宗的な北陸の風

土、他力本願のこころを具現するキーワードと言えるのではなかろうか。その意味において「チャ」の盛衰は大変に興味深いのである。

(1999.10)

14. 継承語（方言）の教材作成

　ここでは、継承語（方言）のテキスト、教材の作成のことに関して、筆者がかかわりを持ったものに限定して、若干触れておきたい。

1　奄美方言の場合

　奄美大島の瀬戸内町では、1996年から、子どもたちがシマグチ（伝統的方言）を継承していけるように、という願いを込めて、毎年秋に、古仁屋にある瀬戸内町中央公民館で「子ども島口大会」を開催している。これは瀬戸内町中央公民館自体の発案・主催によるもので、町内の各集落から参加した小・中学生が日頃のシマグチの練習の成果を発表しあうものである。なお、「子ども島口大会」が始まったころから、いくつかの集落で自然発生的に「島口教室」が始まった。その時期、教室の規模などは集落ごとに異なってはいるが、集落の高齢者たちが子どもたちを「教室」に集めてシマグチを教えるという点、「島口大会」への出場を一応の目標にしている点は共通している。

ただし、シマグチとして教えられている内容には、実は集落ごとに差が存在する。シマグチの教材について、篠川集落の事例では、教室で子どもたちに教材としてプリントが配られる。ただし、このプリントを作るにあたっては表記の問題が大きいのである。シマグチを無理にカタカナで書くのはむずかしいという話を各地で聞いた。シマグチ継承に当たってのネックは、標準語の音韻体系との相違と、それにかかわる表記の問題である。苦労して作られる教材プリントではあるが、本当のシマグチを教えるにはやはり口伝えが一番なのだと言う。教材プリントはあくまで補助的なものであり、後になっても読み返せる「資料」としては重要なのだが、授業では先生役の高齢者の実際の発音が一番の手本になるそうである[補1]。

2　大阪弁の場合

　ところで、本土方言に関して、生え抜きの人に方言初級を教育しようという取り組みはあまり聞いたことがない。大阪あたりだと、外国人を対象にした、大阪弁の英語版とか、「モーカリマッカ」「ボチボチデンナ」とかの、いわゆる社交用語ガイドのようなものは比較的見かけるのであるが、ネイティブを対象に、たとえば、高知に赴任するための土佐弁教習所などというものは多分ないわけで、それはなぜなのかということも考えるべきなのであるが、いずれにしても、そのための教材は存在しないと思われる。ただし、留学生など、外国の人々が、来日して、各地での生活において最も悩むことの一つは、地域のことばが分からないということである。いわゆる日本語教育の世

界ではそのような地域のことばに対する取り組み、テキスト作りが、いま各地で行われている。

　私自身は、そのようなテキスト作成に対して、どちらかと言えば足を引っぱる立場であった。たとえば、大阪弁を例にとっても、そこはまさに流動の渦中というか、変化の過程にあるわけで、対象地点をどこに定位するか、また、どの世代をターゲットにするかによって、その記述は大きく左右されるはずである。いわば正しい大阪弁というものについて、一つのゆるぎない基準があって、その運用にはっきりした公式が存在するのならば、ことは簡単である。対象地点についても、たとえば千里中央にするのか、阿倍野にするのか、といった問題がある（かつての大阪の中心は、商業の中心地、船場と称された地域で、現在の中央区の北西区域であった。今では伝統的な船場ことばは衰退したが、船場のことばは上品できれいなことばとされ、これが純粋の大阪弁だと考えられてきたのであった）。

　書きことばを背景とする標準日本語がすぐ後ろにひかえている東京語とくらべ、大阪では、いろいろな変化のインパクトがそれぞれの地域にあって、ことばの価値付け、ニュアンスなども世代によって微妙に異なっている。その難しさゆえに、私などはテキストを作ることを控えてきたのである。ところが、大阪YWCA日本語教師会の有志が奮起して、大阪弁を学びたい人のための聴解教材を作り始めたのである。その熱意にほだされるところがあって、私もその作成に関与することになった。その結果、完成したものが、岡本牧子・氏原庸子『新訂版　聞いておぼえる関西（大阪）弁入門』（ひつじ書房、2006）である。

　これは、初中級程度の日本語文法をマスターした日本語学習

者を対象にしたものであるが、大阪弁に興味のある日本人にも役に立つように作られている。この教材は教室で教師が学習者に対して使用してもいいし、学習者が自習用に使用してもいい。大阪弁での表現を多く使うことよりも、今までに知っている日本語のフレーズを大阪弁ではどのように言うのか、標準語とどこが違うのかということに重点をおき、学習者が大阪弁を聞いて相手の話していることを誤解せずに理解できることを第一の目的としている。

　ここでは、その内容の一斑を摘出しよう。具体的には、尊敬の表現「はる」の運用に関する注記部分である。

　（Ｖは動詞を表す。V1 は、いわゆる五段動詞、V2 は、いわゆる一段動詞、V3 は、カ変動詞・サ変動詞を示す。また、Ｖナイ形は動詞未然形、Ｖマス形・Ｖテ形・Ｖタ形は動詞連用形に対応する。）

●尊敬の表現「はる」について
　用例：
　○先生が食べはる。〈先生が召し上がる／お食べになる／食べられる。〉
　○近頃の子は、よう勉強しはる。〈最近の子どもは、よく勉強する。〉

　「Ｖはる」の作り方
　V1・V2・V3 の場合（「Ｖマス形＋はる」となる）
　　　V1　お読みになる　→　よみ‐はる
　　　　　お歌いになる　→　うたい‐はる

14. 継承語（方言）の教材作成　143

　　V2　お降りになる　→　おり-はる

　　　　ご覧になる　　　→　み-はる

　　V3　いらっしゃる(くる)　→　き-はる

　　　　なさる(する)　　→　し-はる

注意　地域や人によって V1 は、「V ナイ形＋はる」となる
　　場合がある。
　　　　よみ-はる　⇒　よま-はる
　　　　うたい-はる　⇒　うたわ-はる

注意　地域や人によって V3 は、「V マス形＋やはる」とな
　　る場合がある。

「V はる」の変形

　　　基本形　　　よみはる

　　　マス形　　　よみはります

　　　ナイ形　　　よみはれへん／よみはらへん

　　　テ形　　　　よみはって

　　　タ形　　　　よみはった

「V はる」の使い方

標準語と同じところ

　尊敬の表現は、みんな「V はる」で言うことができます。ま
た、尊敬の気持ちだけではなく、相手に対する親しさの程度に
よって、「はる」と「はります」を使い分けます。

　　（とても親しい)仲間・友達　　　　よむ〈読む〉

（少し知っている）他人　　　　　　よみはる〈読まれる〉
（はじめての人）遠い関係、目上　　よみはります〈お読み
になります〉

標準語と違うところ
自分の家族のことを言う場合
　○うちのお父ちゃん、まだ帰りはれへんねん。〈うちのお父
　　さん、まだ帰らないんですよ。〉
　○お母ちゃん、まだ怒ってはるわ。〈お母さん、まだ怒って
　　るよ。〉
動作をしている主体に興味を持って、客観視して言う場合
　○あの人だれ？　けったいな格好してはるなあ。〈あの人だ
　　れ？　変てこな格好をしてるねえ。〉
　○あの犬、見てみ。気持ちよさそに寝てはるわ。〈あの犬、
　　見て。気持ちよさそうに寝てるよ。〉

（2007.1）

補注
(1) 奄美（瀬戸内町）方言の継承活動に関する情況や具体的な教材については、前田達朗・白岩広行・牧野由紀子・中村宏子「奄美大島の言語文化をめぐる伝承活動の報告」真田信治編『奄美』平成15-17年度科研費：研究成果報告書、2006.2）に詳しい記述がある。その報告書の総括部分のコメント（文責：前田達朗）を以下に掲げる。

　　瀬戸内町の伝承活動を将来的に続けることを考えるならば、

同じように伝承活動を行っている他地域の事例も参考になると考える。例えば沖縄では民謡などの芸能と結びついた言語・文化伝承活動が各地で行われているが、「どこのことばをウチナーグチとするか」という議論にまだまだ決着がついているとは言えないところがある。しかし、出版文化や人口の集中などから、那覇を中心とした地域のことばが力を持っている。「沖縄」というくくりでみると、そこに宮古・八重山なども含まれてくるわけで、「文化の境界線」の問題はより複雑である。ただ、そのことが伝承活動を押しとどめることにはなっていないことは確認しておくべきである。地域ごとの違いを超えて放送を含めたメディアから発信される「ウチナーグチ」は若い世代にも手の届くところにある。世界的な状況を考えても少数言語の「標準語の設定」はどこでも課題になっているのだが戦略上の妥協を余儀なくされているところである。皮肉なことではあるが伝承活動が盛んで、成功を収めている地域では様々な犠牲を払いつつ「規範」の策定が前提になっている。この「規範」をまとめたものをひとまず「教科書」と呼ぶことにする。この「教科書」の存在は様々な副産物をもたらすことになる。誰もが同じ情報を共有でき、教える側の負担を減らす。そしてその地域に住んでいない人間がそのことばを知りたいと考えたときの手がかりともなる。つまり「学習人口」を増やすためには、「教科書」の存在は重要なのである。そして「教科書になるような価値のあるもの」という自信をその地域の人が得ることができるのである。ここまで述べてきた、今現在あるいはこれから先に問題となるであろうことの解決策として有効だと考えられるのは共通の教材でもある「教科書」の作成である。（中略）

　これまでに奄美方言に関する研究は数多くなされているが、いずれも「研究書」として編まれたもので、教える材料としての「教科書」は見当たらない。今なら、かつてのシマグチ社会を経験した人々がいて、シマグチという豊かな文化資産を「教科書」として残すチャンスがある。音声資料も含めた記録を残

すことからこの「教科書作り」は始まるであろう。

　核となる部分をまず残す、それぞれの違いはそれから、という考え方の転換は困難なことであろうか。子どもたちが、自分がどのシマに生まれたか、どのシマに住むか、どの学校に通うか、で機会に恵まれたり、あるいは恵まれなかったりという状況を解消するという視点からも、同じ思いを持った人々がもっと大きな見通しをもつことが重要だと考える。

　ただ、ここでかつて「普通語（標準語）が正しい」とすることで犯した過ちを繰り返さないことはもちろんであるが、子どもたちが「やりたい」と思った時に応えられるものは何か、ということを、われわれも自分の課題として今後とも考えていきたい。

15. ことばの喪失の研究に寄せて

1　はじめに

　これまで、ことばの習得プロセスをめぐって、その様相を記述してきた。しかし、一方で、そのいわば裏面として、人生において築き上げてきたことばの体系を忘れていくといった喪失プロセスがあることに留意すべきであろう。

　高齢化社会を迎えた今、ことばの喪失にかかわる情況は多くの問題を抱えつつある。福祉(welfare)の観点からも、この分野での研究の進展が俟たれるのである。

2　介護のことば

　高齢者を取り巻くコミュニケーション環境、特にそのなかの敬語行動については、研究がまだほとんど進んでいない。高齢者とことば遣いというテーマに関しては、高齢者のことばより、むしろ高齢者に対することば遣いの方をまず見ておく必要があるように思われる。いわゆる介護の現場での、「親しみを

表す」といった言語行動などは実はやっかいで、それを表現する側はそのつもりでも、される側は快く思わない、といったようなことがある。

　たとえば、家族以外の者が、高齢者を名前ではなく「おじいちゃん」、「おばあちゃん」と呼ぶということについてである。この点をめぐって、言語社会心理学者の宇佐美まゆみさんは、次のように記している（宇佐美 1997）。

　　こういった例は、病院や介護施設などで特によく見られ、新聞の投書欄などで、高齢者が、自分には名前があるのだから、ちゃんと名前で呼んでほしいと訴えているというようなことから、一般にも認知されるようになってきた。しかし、それを使う側は、「おばあちゃん」という呼びかけは、「親しみ」の表れであると一方的に思い込んでいる場合も多く、当の高齢者が実際にそれをどう受け止めているかにはあまり注意を払っていないことが多い。

　　しかし、少し分析的に見てみると、「おばあちゃん」という呼びかけは、「上から下への親しみ」であり、そこには、高齢者を対等な一人の人間とみなしていない、高齢者を少し下に見ているという気持ちが無意識的にせよ反映されていることは否めない。このことは、「おばあちゃん」「おじいちゃん」という呼びかけが、高齢の有名人や知識人に対しては用いられないということからも分かる。

　　また、病院などでの「はい、おじいちゃん、お注射しましょうね」という言い方や、「また〜したの！」「早く〜しなさいよ！」など、一般的に高齢者に対しては、子どもに対す

るような話し方がなされていることも挙げられる。また、言語面のみならず、大袈裟な微笑みや少々馴れ馴れしく体に触れるなどの態度やしぐさにも、子どもに対するものと共通したところがあることを、皆なんとなく気づいているのではないだろうか。(中略)

　しかし、アメリカをはじめとする欧米では、「高齢者に対するコミュニケーション行動」に関して、70 年代から研究が盛んになり、高齢者を子ども扱いするような話し方を、その特徴から "secondary baby talk"(第二のベビートーク)などと呼び、高齢者の尊厳を損なうものであるとして、問題視されるようになってきた。90 年代に入ってからは、"patronizing communication"(保護するようなコミュニケーション)として位置づけられ、社会的な問題意識に基づいた、批判的な観点からの研究がますます盛んになりつつある。これらの研究から得られた patronizing communication の特徴や、そこから浮き彫りにされてきた社会的問題点は、意外なほど日本での現状や問題点にも通じるところが多い。今後ますます進んでいく高齢化社会における高齢者の人権を尊重するため、また、世代間コミュニケーションをスムーズに行うことによって各世代が互いに学びあい共存していくためにも、これらの研究成果を参考にし、吟味しながら、日本においても研究を進めていく必要がある。

　ちなみに、介護現場における「わかりにくいことば」に関して、それらをやさしい用語で言いかえようとする具体的な提案がある(遠藤・三枝 2015)(補 1)。

3　ことばの喪失のプロセス

　さて、加齢に伴って能力が衰えるという点に関しては、言語喪失(language attrition)の過程として、敬語運用などの実態を追究する必要があろう。ことばの喪失の順序は習得の順序とどのようなかかわりにあるのか。この点、第二言語の場合に関しては、習得の早い項目ほど忘れるのが遅いといったミラーイメージ説(regression hypothesis)も提唱されているが、実態は明らかではない(真田 2006)。また、第一言語の場合はどうなのか。たとえば、敬語行動などは多分に習得の遅い項目であるにもかかわらず、他の行動にくらべて、かなり遅くまで維持されるのではなかろうか。

　筆者の遭遇した事例で示そう。それは認知症を患った筆者の母についての具体例であるが、進行しつつあった症状の初期の段階において、母には家族に対しても敬語を多用する傾向が見られたのである。これは、おそらく、いわゆる補償ストラテジーとしての運用であったと思われる。

　ただし、このような主観的な見方には問題もありそうである。

　以下は、「高齢者と言葉」というテーマでの、宇佐美まゆみさんと、日本語学者、遠藤織枝さんの対談である(宇佐美・遠藤 1997)。

　　遠藤：歳をとった人のほうが敬語がよく使えるとか、丁寧な
　　　　ことばを使うとか言われていますけれど、実際はそうとば
　　　　かりは言えないんです。高齢になると、相手は自分より若

い人になることが多い。そうなると、敬語の少ない言い方をする、ということにもなるんですよ。一方ではまた、しょっちゅう「～でございますわね」と言うような人もいるわけです。

宇佐美：「高齢者のことばの特徴はこうだ」というには、必ず他の世代のことばとの比較がなくてはならない。だけど比較ができるように、同じような条件でとったデータがないから、まだ高齢者のことばの特徴を結論づけることはできないと思うんですよね。一般レベルでの印象的なことならだれでも言える、研究者でなくても言えるわけです。ことばを獲得した時代とか時期が違うわけですから。世代によることばの違いとして何らかの特徴があるだろうということは容易に想像できますから。ただ、今はそれをちゃんと論じるに足る資料があるとは言えない。例えば高齢者にはフィラーが多いということもよく言われますが、個人差がありますよね。

遠藤：そうですよ。「あのー」とか「うーん」とか、若い人だって言っているんですよ。高齢者 100 人と若い人 100 人で、そのうち何人ぐらいがよく言ったとか、そういうふうに比較してみないと、高齢者にフィラーが多いとは言えないんじゃないですか。

宇佐美：そうなんですよ。ただ、一部の高齢者のことばを取ってきて、それで、例えば繰り返しが多いと言っても。どういう基準で繰り返しが多いと言っているのかなと思うんですよ。だから、研究的視点からは、高齢者のことばはどうだ、とはまだ言えない状況だと思いますね。印象レベ

ルでは言えますけどね。

遠藤：確かに、高齢者のことばは、若い人とことば遣いが違ったり、発声・発音面が違ったりということはあると思います。けれども、だからそういう人たちのことばは、例えば20代30代の人たちとはここが違うんですよ、というようなことを言う必要があるのは、どんなときなのかと考えると疑問があるんですよ。70歳のことばは20歳のことばとここが違うというようなことは探せば出てくるけれど、それを「老人語」としてしまうと、そこでまた一つ、その人たちのことばに対する決めつけになることが問題だと思うんです。

宇佐美：そうですね。ある意味で、社会的弱者をマークする（際立たせる）ということにつながりますからね。

遠藤：そしてそれは、強制する、差別するということにつながる。「老人語」なんていうのを決めることは、害のほうが大きいわけですよ。

宇佐美：一般の人がイメージしている「老人語」で、ステレオタイプ的に、ドラマなどでよく使われているものに、「わしは～じゃ」などがありますが、高齢者が皆、本当にそういう話し方をしているのかどうかは、あやしいですよね。国語学の中では「老人語」という用語が使われていますが、私は「老人」ということばにも抵抗があるんです。国語学で言う「老人語」というのは、実は、それほど客観的に調べられているわけではなく、ある意味の権威者が「こういうものが老人語である」と、半ば自分の考えに基づいて説明している程度なんですね。

4　おわりに

　ことばの習得とことばの喪失とは、いわば表裏一体のものであろう。ちなみに、第二言語能力の維持や喪失をめぐっては、バイリンガルの研究やピジンの研究などとあわせて、接触言語学（contact linguistics）の分野においての研究が進展している（Winford 2003）。しかし、第一言語能力の維持や喪失を対象とした研究はまだほとんど進んでいないのである。

　ことばの喪失のプロセスの解明と、そのプロセスの把握のもとに具体的な対処法が提示されるステージが早急に訪れることを心待ちにしている。それは、筆者自身の現実からしても、まさに喫緊の要請である。この分野での研究動向に特に目を配っていきたいと思う。

参考文献

宇佐美まゆみ（1997）「高齢化社会のコミュニケーション環境整備のために」『言語』26-13

宇佐美まゆみ・遠藤織枝（1997）「高齢者と言葉」『月刊日本語』10-9

遠藤織枝・三枝令子（編著）（2015）『やさしく言いかえよう　介護のことば』三省堂

真田信治（編）（2006）『社会言語学の展望』くろしお出版

Winford, D. (2003) *An Introduction to Contact Linguistics.* Blackwell Publishing.

（2018.5）

補注

(1) 新たに、遠藤織枝・三枝令子・神村初美『利用者の思いにこたえる　介護のことばづかい』（大修館書店 2019）が加わった。介護さ

れる側の声もいくつか紹介されている。

なお、2019 年 3 月、厚生労働省が介護分野での外国人労働者を対象にした日本語試験の概要を公表した。今後の展開を見守りたい。

出典一覧

1. ことばによる支配(「なんとコトノハ」4-原題「民衆文化を考える」、2011. 冬)
2. 日本人の母語意識(『応用社会言語学を学ぶ人のために』世界思想社 pp.168-175、2001.10)
3. 使い分けの発達と方言の機能(『朝倉日本語講座9言語行動』朝倉書店 pp.126-131、2003.7)
4. 「国語」VS「日本語」に対する学生の態度(「奈良大学学生相談室報告書」19、2013.3)
5. 方言とアイデンティティ(「言語」21-10 共著、1992.9)
6. 変換装置としての「フィルター」(『方言は絶滅するのか』PHP新書 pp.80-104、2001.11)
7. ある個人における理解語彙量の累増プロセス(『現代語・方言の研究』明治書院 pp.32-55、1994.2)
8. 現代人にとっての理解不可能な語彙(『日本語学と言語学』明治書院 pp.136-143、2002.1)
9. Vernacular の記述をめぐって(『消滅の危機に瀕した言語の研究の現状と課題』国立民族学博物館 pp.247-248、2003.6)
10. Diachronic change within an idiolect.(「待兼山論叢」37、2003.12)
11. 一個人の所有する人称語彙(『地域語への接近』秋山書店 pp.193-203、1979.7)
12. 地域人の空間認知(『日本地名学を学ぶ人のために』世界思想社 pp.190-201、2004.11)
13. 地域人の精神構造(「創造」32、1999.10)
14. 継承語(方言)の教材作成(『方言は気持ちを伝える』岩波ジュニア新書 pp.130-140、2007.1)
15. ことばの喪失の研究に寄せて(「砺波人権擁護委員会講演レジュメ」、2018.5)

あとがき

　ひつじ書房社主の松本功さんから、「日本語の動態」に関する既発表の拙論を集成したシリーズ本を編むようにとのお勧めがあったのは、2016年の盛夏のことであった。

　私としては、フリーになれたとはいえ、ある種の空虚感に浸っていた時期で、躊躇するところがあったのだが、しばらくの逡巡のあと、〈言語変種〉〈言語接触〉〈言語計画〉〈言語習得〉をキーワードに、4つのテーマ（「標準語史と方言」「地域・ことばの生態」「アジア太平洋の日本語」「ことばの習得と意識」）を設定して、各テーマに適う拙論を選び、テーマごとに論述を一本に紡いでみようと考えるにいたった。

　私は、この小シリーズ（全4巻）を斯界に呈して、厳しい御批評・御教示を仰ぐことで、蘇生への実感を得たいと思う。

　編集に当っては、拙論間で記載内容が重複する部分をカットしたり、文章の一部を追加・変更したりしたところがあるが、基本的にはもとの論述の内容をそのまま踏襲している。

　楽しみながらこの仕事を進めることができたのは、松本さんのお蔭である。また、編集作業を助けてくださったひつじ書房の兼山あずささんと丹野あゆみさんにも心から感謝する。

2019年皐月、東京・日暮の里にて
真田信治

索引

欧文

covert prestige　28
G・アンダーウッド　29
idiolect　128
NHK 放送世論調査所　34
overt prestige　28
patronizing communication（保護するようなコミュニケーション）　149
prestige（威光）　28
secondary baby talk（第二のベビートーク）　149
vernacular（土着語）　91, 93

あ

アイデンティティ　27, 28, 29, 34
アイデンティティ指数　30, 31
アクセント規則　50
奄美方言　145

い

家　113
意識　27
移住者の言語使用　31

一型アクセント　50
井上優　136
意味的範疇　70
岩根裕子　13
因子分析　32
イントネーション曲線　13
インフォーマントの生活圏　115
韻律的特徴　13

う

宇佐美まゆみ　148, 150
ウチナーグチ　145

え

英語志向　7
遠藤織枝　150

お

大阪弁　140, 141, 142
大阪方言　18
大阪方言の持つイメージ　20
大阪 YWCA 日本語教師会　141
大谷泰照　6
遅さがり　49
音的フィルター　54, 94
音の代用　52

か

介護の現場　147
外来語のアクセント　38

学習語彙　93
下降イントネーション　16
家称名(屋号)　112

き

擬声語・擬態語　80
既定事項　137
基底層の言語　92
基本アクセント　43
金美善　52
教科書　145
金田一春彦　43

く

口伝え　140
軍隊用語　88

け

経験談　18
敬語行動　147, 150
形式パターンの分布層　118
継承語　139
ケセン語　91
『ケセン語大辞典』　91
言語意識　31, 32
言語行動　51
言語喪失(language attrition)
　　150

こ

語彙の基底層　94

語彙レパートリー　50, 51
公的呼称　123
高齢者に対することば遣い
　　147
高齢者のことばの特徴　151
コード切り換え　14, 27, 28
国語　21, 22, 23, 24, 25
国際語　7, 9
語種　88
個人語彙　92, 110
ことばの喪失　147
ことばの理解　48
子ども島口大会　139
固有地名　76
コリアンの日本語　52

さ

座(status)　113
在日コリアン一世　52
残存日本語　48

し

志向　27
自己文化中心主義者　6
柴田武　92
シマグチ(伝統的方言)　139
島口教室　139
社会的(地理的)空間　117
借用　37
終助詞の「チャ」　135
上昇イントネーション　16

象徴的機能　28
情報機能　28
省略語のアクセント　45
「叙述」機能　16
心理的空間　117

す

スラング　45, 47

せ

生活語彙　91
世代間コミュニケーション　149
接触言語学（contact linguistics）
　　153
接続詞・感動詞の類　68
潜在アクセント　43
船場ことば　141
専門用語　88

そ

喪失のプロセス　153
『増補改訂版分類語彙表』　81
属性　27, 29
尊敬の表現「はる」の運用　142

た

第一言語（first language）　5
多民族国家　8
他力本願のこころを具現する
　　キーワード　138
単一変種使用者　28

単語の文体的価値　45

ち

地域名の分布パターン　126
地名語彙　128
地名の発音形式の分布領域
　　121
聴解教材　141
聴覚印象　49, 50

と

徳川宗賢　41
ドメイン（領域）　17
富山のアクセント　38

な

なじみ度　47

に

西江雅之　54
日本語　21, 22, 23, 24, 25
日本語志向　7
人称語彙　109, 111
人称表現形式　109, 111, 112,
　　115

は

配慮　3
「働きかけ」機能　16
林大　88

ひ

微細地名　129
被調査者の個性　78
表現法　2
「表出」機能　16
標準語コード　13, 14, 16
標準語志向　33
品詞論的範疇　68

ふ

フィラー　151
フィルター　39, 44, 45, 47, 48,
　54
フィルターの安定度　51
フォーマルスピーチスタイル
　18
福祉（welfare）の観点　147
普通語（標準語）　146
『分類語彙表』　58, 60, 67, 88

へ

変種意識　47

ほ

方言維持　34
方言音調　14, 18
方言コード　14, 16, 18
方言受容　32, 33
方言の効果的使用　20
方言忘却　33

母語（mother tongue）　5, 6
母国語　5
誇り　32, 34
補償ストラテジー　150
翻訳装置　50

ま

前田達朗　144
ましこひでのり　25

み

宮古島方言　94
ミラーイメージ説（regression
　hypothesis）　150
民衆文化　1

や

山浦玄嗣　91

よ

要素の共起関係　119
吉本紘子　45
「寄らば大樹の蔭」　8

り

理解語彙の総量　67
理解語数　66, 83
リピート調査　50
略語　44

る

類推　126

れ

レジスター　14
レビレート婚　55

ろ

老人語　152

わ

若者ことば　45

【著者紹介】

真田信治（さなだ しんじ）

大阪大学名誉教授。
1946 年、富山県生まれ。東北大学大学院修了（1970 年）。文学博士（大阪
大学、1990 年）。国立国語研究所研究員、大阪大学大学院教授などを経
て現職。専門は、日本語学・社会言語学・接触言語学。

真田信治著作選集　シリーズ日本語の動態　第 4 巻

ことばの習得と意識

The Process in Language Acquisition and Language Attitude
SANADA Shinji

発行	2019 年 9 月 27 日　初版 1 刷
定価	1800 円＋税
著者	© 真田信治
発行者	松本功
装丁者	大崎善治
印刷・製本所	三美印刷株式会社
発行所	株式会社 ひつじ書房

〒 112-0011 東京都文京区千石 2-1-2 大和ビル 2F
Tel.03-5319-4916　Fax.03-5319-4917
郵便振替 00120-8-142852
toiawase@hituzi.co.jp　http://www.hituzi.co.jp/

ISBN978-4-89476-918-2

造本には充分注意しておりますが、落丁・乱丁などがございましたら、
小社かお買上げ書店にておとりかえいたします。ご意見、ご感想など、
小社までお寄せ下されば幸いです。

真田信治著作選集　シリーズ日本語の動態

第 1 巻
標準語史と方言
真田信治著　定価 1800 円＋税

近代日本語における標準語の成立過程、それをめぐる地域社会での葛藤、そして、標準への〈集中〉と〈逸脱〉といった二つのベクトルの交錯の様相について、著者の既発表の論稿をセレクトし集成した。

第 2 巻
地域・ことばの生態
真田信治著　定価 1600 円＋税

日本語の多彩さのなかで地域差だけが目立っていた時代はいまや幕を閉じつつある。そのかわり、その地域差を含んだ社会差、機能差などのさまざまに絡み合った日本語のバリエーションが注目される時代が登場してきている。本書では、その情況に関する著者の既発表の論稿をセレクトし集成した。

第 3 巻
アジア太平洋の日本語
真田信治著　定価 1800 円＋税

かつての日本の統治下で日本語を第二言語として習得した人々の日本語運用に関して、また、台湾の宜蘭県で発見された日本語系クレオール語の実態について、著者の既発表の論稿をセレクトし集成した。